新规则

THE NEW RULES

[美]
约翰·P. 科特
(John P. Kotter) — 著

刘语珊 — 译

中信出版集团 | 北京

图书在版编目（CIP）数据

新规则 /（美）约翰·P. 科特著；刘语珊译．-- 北京：中信出版社，2019.5

书名原文：The New Rules

ISBN 978-7-5217-0251-4

Ⅰ. ①新… Ⅱ. ①约… ②刘… Ⅲ. ①企业管理 Ⅳ. ① F272

中国版本图书馆 CIP 数据核字（2019）第 049854 号

新规则

著　　者：[美] 约翰·P. 科特

译　　者：刘语珊

出版发行：中信出版集团股份有限公司

（北京市朝阳区惠新东街甲 4 号富盛大厦 2 座　邮编　100029）

承 印 者：北京诚信伟业印刷有限公司

开　　本：880mm × 1230mm　1/32　　印　　张：9.5　　字　　数：247 千字

版　　次：2019 年 5 月第 1 版　　印　　次：2019 年 5 月第 1 次印刷

京权图字：01–2009–2018　　广告经营许可证：京朝工商广字第 8087 号

书　　号：ISBN 978–7–5217–0251–4

定　　价：68.00 元

目 录

2
新回应

3
夯实基础

推荐序1　时代精神与自我驱动

陈春花

北京大学王宽诚讲席教授，北京大学国家发展研究院 BiMBA 商学院院长

科特是一位重要的管理思想家，他区分了“领导”和“管理”的概念，强调领导者的基本职能在于倡导改革之风。他也研究了企业文化与业绩的关系，揭示出灵活适应性的企业文化能显著促进长期经营业绩。他还持续关注领导力的发展，不仅仅明确提出了新商业环境下领导力要素的内涵，更是基于变化的视角，探讨了领导者变革的力量来源及行动指导。在今天来看，科特提出的观点仍然令人印象深刻，发人深省。这套丛书（《新规则》《领导力要素》《变革的力量》《企业文化与绩效》）会从不同的视角给读者带来收获。我重新阅读这 4 本书的时候，较之早期阅读又有了全新的收获。

一、领导者需要洞察时代特点

科特展开这些研究的阶段，全球化正处于萌芽发展之中。科特敏锐地察觉到全球化给商业模式带来的巨大变革，分析了 MBA

（工商管理硕士）毕业生的职业发展历程，总结出了他们的职业生涯成功的关键要素。

科特提出，方兴未艾的全球化使得充满活力和适应性的中小企业蓬勃发展，远远抛下了传统大型企业，影响了富有进取心的管理者们的职业发展。

以《新规则》书中列出的研究数据为例。1974 年，这一届哈佛商学院 MBA 毕业生中的 36% 去了大型或超大型组织就职。到 1983 年，还留在大型或超大型组织的人占 31%。到 1991 年，只剩下 23%。另一方面，同一个时期，在小型或超小型企业的哈佛商学院 MBA 毕业生从 28% 上升到 43%，最后达到 62%，其中很多是创业型企业。

科特认为，全球化既提供了的大量的机会，也带来了巨大的风险。在这个时代，要成为一个职业上的成功者，一条重要的准则就是：不要依靠惯性，因为旧的模式、道路和经验在新的环境下是无效的。

当下，21 世纪也已过去将近 20 年，时代特征又迎来了巨变。曾经所向披靡的全球化，正在引起全球性的反思，甚至出现了一些极端化的应激反应。怎样才能更有效地让资源在全球范围共享和分配？怎样才能形成一个互补共赢的全球化共同体，而不是国家与资本的盘剥与霸凌？这是一个全球化进程中的休整吗？商业模式会有怎样的调整？中国商业的未来会怎样？这是留待我们去观察和领悟的课题。

二、变革是大型企业的必选之路

科特对大企业和官僚主义素无好感，而他的研究中的MBA学生们用他们的职业生涯支持了科特的观点。美国运通公司（American Express）、大西洋里奇菲尔德公司（ARCO）、康尼格拉公司（ConAgra）、数字设备公司（Digital Equipment Corporation）、肯德基公司（KFC）、伊士曼柯达公司（Eastman Kodak）、玫琳凯化妆品公司（Mary Kay Cosmetics）、NCR公司、百事可乐公司（Pepsi–Cola）、宝洁公司（P&G）、赛仕软件公司（SAS）等大量公司的案例也支持了科特的观点。

科特认为，在变化的时代里，中小企业能够更加迅速地做出反应并逐步取得更大的成功。速度和灵活性在竞争日益加剧的世界中将会获胜。因此，他奉劝职场人士要摆脱官僚化的大企业，走向小企业。大企业在应对变化迅速的市场时容易陷入官僚化，而在中小企业的发展中做出贡献的员工往往会获得更高的满意度和收入。当然，如果我们的商业氛围和舆论能够转变传统的对宏大和稳定的崇拜，更加关注和欣赏中小企业和创业企业，人们可能会更容易接受和适应时代的变化。

那么，对于大型企业，变革的方向和目标在哪里？毫无疑问，大型企业必须设法转变成一个灵活与具有适应性的组织，既有小企业快捷的运营效率，又保留大企业的资源优势。方向就是减少管理层级、官僚主义、内向关注和办公室政治，路径就是企业改组、削减成本、流程再造，当然，最根本也最难的是企业文化的改变。

三、领导者需要保持自我驱动力

科特从研究中得到的启示是，成功的企业家都具有强烈的竞争驱动力和领导力，他们独立、勤奋、自主、敢于冒险、喜欢控制感，他们更向往权力、被认可、威信和成长，并且更少向往安逸。

那些害怕竞争的人，想要安全感的人，渴望稳定的人，最终往往像岩石在水里一样，不断下沉。无论是现在还是将来，高标准和对成功的渴望都是必不可少的。

管理是用于应对复杂性的，因为现代管理程序在很大程度上产生于20世纪大型组织的发展，领导力则是相对于变革而言的。当今剧烈变动的外部环境使变革日益成为维系企业生存、增强企业竞争力的必要条件。有更多的变革，就会要求更强有力的领导，这也意味着领导者必须保有自我驱动的力量，以应对复杂多变的环境。

四、管理研究总是伴随着鲜活的管理实践

科特的研究总是从真实的管理实践和商业环境出发，去寻找其中的核心变量及规律性，从而得出能够再回归到管理现实的答案。就如他在《新规则》一书中所写的那样，他花了20年的时间跟踪研究115名1974届的哈佛商学院MBA毕业生的工作情况，最后写作了这本书。这种依赖于真实的观察所呈现出的研究方式，

非常值得我们学习。《领导力要素》一书中的领导力观点和支撑数据源自科特于20世纪70年代所完成的大量实地调研，以及为撰写本书而专门开展的4个研究项目。《变革的力量》是一项管理行为研究的成果，该研究始于科特的一篇博士论文，内容是关于大都市市长的管理方式的，这项研究始于1986年8月，到1989年年底结束。《企业文化与绩效》一书以生动的案例证实了企业文化的存在及其力量，以实证的方法证实了企业文化与业绩的相关性，并详细阐述了3种类型的企业文化，充分说明了进行企业文化改革的必要性，还提出了许多有效的措施。该书堪称一部深刻理解企业文化与企业业绩关系的经典教科书。

在我最初决定展开组织与文化研究时，约翰·科特的《企业文化与绩效》给了我很大的启发和帮助。借用科特的企业文化力量指数对广东省多个高新技术企业展开了深入的探讨，让我有机会更有效地理解企业文化所具有的独特功效。也因此，科特的其他著作就列入了我的必读书目，这也是我很愿意推荐这套丛书的原因。

2019年3月12日·朗润园

推荐序2　面对变革时代，如何才能获得成功？

郑毓煌

清华大学经济管理学院博士生导师

春节之前，收到中信出版集团的邮件，邀请我为领导变革之父、哈佛商学院终身教授约翰·科特的《新规则》《领导力要素》《变革的力量》《企业文化与绩效》系列丛书写序，我欣然答应了，原因只有一个：我希望这套优秀作品能够惠泽更多中国人，特别是中国的企业家、创业者和职场人士。

在今天的中国，社会对商业知识和智慧的需求正在急剧扩大，迫切需要我们在浩瀚书海之中甄别真正优秀的商业著作，以汲取营养。然而，令人遗憾的是，真正优秀的商业著作太少了，市面上充斥的畅销著作大都是“鸡血”或“鸡汤”，缺乏严谨的理论体系和实证研究支持。

与市面上的那些所谓畅销著作不同，这套作品均出自科特教授严谨的实证研究，这也再一次印证了哈佛商学院的地位。哈佛商学院无疑是全球最著名的商学院，而它百年来的极高知名度正是源于学院中的优秀的商业思想领袖，包括竞争战略之父迈克尔·波特（Michael Porter）、颠覆式创新之父克里斯滕森（Christensen）、领导变革之父科特等。

那么，科特教授的这一系列丛书到底有哪些值得学习的地方？在《新规则》这本书里，科特教授在近20年的时间里观察了115名哈佛商学院MBA毕业生的职业路径，并从他们的人生经历中总结出我们应该如何在快速变化的全球化竞争市场中拥抱变化并找到适合个人发展的新规则。他的研究有很多反常规的发现。例如“小公司，大机会”——在同一届哈佛商学院MBA毕业生中，那些选择小创业公司的毕业生，最后其收入往往高于那些选择大公司的毕业生。

在今天的中国，科特教授的这些发现也具有重要的启示意义。例如，很多年轻人往往面临体制内工作（政府、国企、事业单位等）和体制外工作（民营企业、外资企业等）的两难选择。又如，即使都是体制外的工作，年轻人也往往面临去大公司还是去中小企业的两难选择。家长们往往都反对他们选择非传统的职业路径。然而，科特教授的这些发现告诉我们，传统的职业路径或许并非最佳选择。面对今天的变革时代，每一个职场人都应该更加勇敢地去拥抱非传统的职业路径。很多年轻人往往抱怨自己出生的年代太晚以至于错过很多机会，却不知其实每一个时代都有大量机会，关键在于你是否能勇敢地做出选择。

在《领导力要素》这本著作中，科特教授指出，由于商业环境发生了重大变化，领导力在今天的变革时代被赋予了新的意义，其重要性显著提升。领导力不再是首席执行官（CEO）或极少数高层管理者的绝对领域，而拓展为几乎所有管理者都应该具备的一种重要能力。在《变革的力量》一书中，科特教授进一步阐释了领导与管理的不同，并提出领导和管理都是非常重要的，那种认为领导“好”而管理“坏”的观点是明显错误的；同时他也阐述了企业家应该如何打造自己在领导和管理两个维度上的能力的问题。最后，在《企业文化与绩效》一书中，科特教授以实证的方法证实了企业文化与业绩的相关性，并详细阐述了不同类型的企业文化，以及如何打造企业文化。可以说，这3本书是企业家和创业者们打造领导力和企业文化不可多得的参考书！

很多中国企业家在阅读国外商学院教授的著作时，难免有这样的疑虑：这些结论在中国也适用吗？事实上，思想无国界，管理和人性往往都是相通的。作为清华大学博导、营创学院院长，我在过去的十几年里也接触了大量的中国企业家和企业高管。我发现，他们的成功有其共同的规律。那么，成功的共同规律是什么呢？接下来我就和大家分享我在营创EMBA（高级管理人员工商管理硕士）开学典礼上曾经分享的6个要点。

第一，眼界和视野。所谓“读万卷书，行万里路”，眼界和视野特别重要，而且很多事情不是从书本上能学到的。2019年1月，我邀请哥伦比亚大学商学院著名教授席娜·艾扬格（Sheena Lyengar）为营创EMBA授课。企业家学员们见到她的第一眼就被震撼了，因为没有人想到，她居然是一位盲人。然而，虽然她眼睛看不见，但她不仅成了哥伦比亚大学商学院教授，而且还被《金融时报》（*Financial Times*）评为和竞争战略之父迈克尔·波特等齐名的全球50大管理思想家之一。很多企业家在听完这次课程之后都说："艾扬格教授眼睛看不见都能取得那样大的成就，我现在面临的一点儿困难又算什么？"是的，多接触伟大的人，你才能激励自己去变得更伟大。

第二，胆识和勇气。光有眼界和视野还不够，还要有胆量。王健林来清华大学演讲时说过："什么清华北大，不如胆子大。"这句话其实很有道理。2017年11月，我在清华大学主持了清华学生创业协会20周年的纪念活动。参会的十余位校友的公司市值合起来超过3 000亿元，包括美团、中文在线、百合网、清科集团等。以美团为例，大家看到了王兴的成功，但是大家可能想不到，王兴是在美国读博士时辍学回国创业的。而百合网的联合创始人慕岩也是在美国读博士时辍学回国创业的。所以要成功，一定要有胆识和勇气。

第三，能力和智慧。有了眼界和视野，也有了胆识和勇气，成功还需要能力和智慧。没有人生下来或大学毕业之后就知道怎么进行企业管理，所以企业家和创业者都需要终身学习，以习得能力和智慧。学习的方式包括读书、面对面学习等多种形式，其中读书更多是用以开拓思维和学习知识，而要提高能力则更需要面对面地学习，甚至最好有老师手把手地指导，再加上自己的实战演练。只学不练的话，很难真正提高能力。

第四，连接和资源。有句话是这样说的：“你是谁不重要，重要的是你和谁在一起。”其实，不论在国内还是国外，人脉和圈子都非常重要。不论是哈佛商学院还是清华大学，最吸引人的除了优秀的教授，还有校友之间的连接和资源。在今天的互联网和社交媒体时代，线下连接更加显得珍贵和不可替代。在学校里形成的师生关系和同学关系是最自然、最真诚的关系，企业家们要多投入时间进行线下连接。真正的友谊和合作从来不是线上加个微信就能拥有的。

第五，努力和坚持。努力和坚持是成功的必要条件。在创业路上，每个人都会遇到困难，谁也不可能一帆风顺。遇到困难时，如果坚持，就有可能克服困难并获得成功；而如果放弃，则只能承认失败。再以清华校友、美团创始人王兴的成功为例，王兴也是经历了校内网、饭否网等多次创业失败，才有了今天美团的成功。

第六，理想和使命。努力和坚持很累，很多时候你会坚持不下去。那么，是什么让企业家和创业者坚持下去的呢？伟大的理想和使命。我从2017年创办营创学院以来，也面临过很多困难。很多人不相信我可以打造一所“人人都上得起的哈佛商学院”。然而，正是“教育改变命运，我们改变教育”这一理想和“打造一所人人都上得起的哈佛商学院”这一使命，才让我一直坚持下来。今天，营创线下EMBA已有超过1 500位企业家学员，并且在北京和深圳都实现了本地开班，真正做到了“用1%的学费，上拥有全球顶级商学院师资的线下EMBA课程”。同时，通过和中信出版集团的合作，我们推出了“用1‰的学费，上拥有全球顶级商学院师资的线上EMBA课程”项目并获得了成千上万职场人士的欢迎。此外，由营创读书会和中信出版集团一起推出的“与原创作者一起读书”的公益项目，已有近百位大咖作者分享原创著作的音视频，向全国人民公益开放。

今天，中信出版集团即将出版的哈佛商学院科特教授的这一系列丛书无疑是商业知识和智慧中的明珠。这4本书在哈佛商学院MBA学生中备受欢迎。我相信，这一系列丛书会带给成千上万读者优秀的商业知识和智慧，更会进一步将看起来遥不可及的顶级商学院教育带给成千上万的读者。而这，正是中信出版集团、营创学院和我本人共同努力的目标。

2019年3月5日

译者序　今日职场新规则

刘语珊

商业分析机构深响联合创始人，前腾讯商业分析师

1973年，约翰·P.科特教授在哈佛商学院启动这项研究的时候，他恐怕没有想到，这将会变成一项长达20年的长期研究项目；他可能也不曾想到，自己会以这样的方式参与到这115名毕业生足足20年的职场生涯中；他更不曾想到，自己将与他们当中的许多人建立起这样的联系，并最终将他们的成功经验总结成今天你手中的这本《新规则》。

他恐怕也不曾预见到，在这本书首次付梓20余年后，即便时代变迁，他在1993年基于这115名MBA毕业生的人生经历所提炼出的成功法则，今天依然能够启发大洋彼岸的年轻人，并为今天的我们的职场路径提供参考。

今天的世界与1973年第一次石油危机后的经济环境自然是截然不同的。

与1973—1993年的20年相比，今日的我们经历了21世纪初互联网泡沫的破灭、2010年开始的移动互联网浪潮，今天我们又

在追踪人工智能的趋势，迫不及待地想要进入下一次技术革命所创造的新时代。在这样的环境中，我们早已摒弃了对制造业及大公司体制的盲目迷信，甚至已经走过了过分忽视实体制造业的另一个极端，来到了重新理解和审视制造业并帮助制造业进行数字化升级、迎接产业互联网的新起点。

但约翰 · P. 科特教授笔下，1974 年走出哈佛校园的这些年轻人所经历的挫折、迷茫，与我们在今日的中国所经历的一切有着大量的共通之处。

今天我们虽然有了更多的效率管理工具，但依旧面临着诸多管理议题的挑战：奉行小步迭代、精益创业的科技企业也最终会发展成庞然大物，而其成长所花费的时间可能仅仅是制造业企业的几分之一，但在这个急速扩张的过程中，“大公司病”等问题并没有消失，反而被迅速激化了。大型企业的臃肿、庞杂，依旧使它们面对市场竞争时变化缓慢，并让那些身在其中能够感知到外界竞争的人们备感煎熬。

在鼓励扁平化管理的同时，大型企业对于敏捷管理有着极高的需求。而在中国企业对海外市场的诉求快速提升的今天，我们作为个体的职业路径该如何调整？个人的核心竞争力该如何培养？个体又该如何顺应时代的变化？这其中的种种法则与思考框架正是这本《新规则》通过 115 名哈佛商学院 MBA 毕业生近 20 年的人生经历，为我们提供的最大价值。

科特教授在 20 年动荡变化的经济环境下，耐心追踪，并以科学的研究手段总结出了这115名哈佛商学院MBA毕业生之间的共性：在国际化竞争日趋激烈的环境中，较高的自我标准、对竞争的追求及渴望，以及终身学习的价值观，都能够帮助个人更快地走向成功；而相较之结构庞杂的大型企业，选择灵活、敏捷的小型企业往往更能彰显个人的价值，能更快地实现个人职场及人生意义上的成功。

作为移动互联网及“双创”浪潮的亲历者，我曾在创业公司感受过一个小型团队从建立到拆分、各奔东西的过程，也曾在“互联网下半场”行业巨头的业务转型、架构调整过程中目睹了几千人在巨轮转向的过程中不得不顺应时代发展、进行自我升级的过程。在这个过程中，作为观察者，我也目睹了多个不同个体的变化与发展。

正如约翰·P. 科特教授所描述的那样，无论在哪个领域，我所观察到的成功者，无一不对自己有着极高的自我要求，对竞争有着极强的渴望，同时，他们有着极强的学习能力，且从来没有停止过学习新事物的脚步。甚至在一些团队中，追踪新事物、新趋势已然成了制度化的标配，由专人专岗负责。而企业对终身学习的财务支持和员工服务，也体现出企业对终身学习的重视。

同时，互联网产业在中国兴起的这二十几年中，我们可以观察到，几乎每5年，行业中的龙头乃至明星企业都会发生变化——从门户时代到移动互联网，再到物联网、人工智能、产业互联网等纷纷兴起的今天，企业发展的速度在大大加快：中国互联网头部的BAT（百度、阿里巴巴、腾讯）三家企业发展至今不过刚刚20年历史，新兴的今日头条、美团、滴滴出行（简称TMD）等小巨头更是成立均不超过10年，2018年以“五环外”思维震惊业界的拼多多、趣头条更是3年内冲击上市。

这些企业快速发展的成功案例无一不在为约翰·P.科特教授的观察增添佐证：相较于传统金字塔式的庞杂企业结构，小型、扁平的团队更能带动企业快速发展，也更能为个人的成长提供机会。

在高度的资讯焦虑下，与1975年的那115名哈佛商学院MBA毕业生一样，我和我身边的许多人对世界经济的整体变化建立起了模糊的认知，但对于这些变化在长久时间内会如何影响我们的职业发展与人生，我们还是一无所知。宏观环境的力量如此强大却又如此悄无声息，有能力预见其长远影响的人也仅仅是极少数。

因此，约翰·P.科特教授在这本书中所总结出来的职场规则，以及他所提供的大量哈佛商学院优秀年轻人的经验案例，对我们来说也就更是难能可贵。从这些案例中，你既能看到时代浪潮的力量，也能感受到个人应对所在时代变化时的努力。而他们做出种种抉择时的挣扎与决断，无疑也是值得我们参考、借鉴的指向标。

就我个人而言，在翻译这本书的过程中，我也做出了对我自己而言非常重要的职业选择。从约翰·P.科特教授所记录的案例中，我看到了“热爱胜于一切”，也看到了竞争驱动的价值，也了解到真正的平台并不只是你所供职的企业。同时，个体与企业之间的关系也可以有更多元化的形态。这些启示最终推动我做出了我的职业选择：带着过去的经验教训，离开所在的万人大型企业，再次面向激烈的市场竞争，开始小团队小步快跑的创业历程。

因此，我将这本书推荐给你，希望你也能从这本书中找到适合你的新规则，建立你的职场新基石，踏上你的职场新征程。

前言　经济转型期的方向

——基于对115名哈佛毕业生近20年的研究

事业成功对于大多数人来说，意味着一份在经济上和心理上都令人满意，又能支撑起健康的自身或家庭生活，同时还能对社会有贡献的工作。这本书就讲述了在过去的20年中，通往事业成功的路径是如何变迁的，以及它为什么会发生这样的变化。书中的素材大部分基于115名哈佛商学院1974届MBA毕业生的个人经历。过去20年，我一直跟踪并关注着他们的职业发展，包括他们的选择、行动、成功，以及失败。此外还有我从1975年到1993年开展的另外6个项目的成果，可以作为那些个人案例的补充，这部分信息涵盖了另外85位高管，他们当中的大部分人并不曾获得MBA学位。[1] 总体来说，这20年的历程非常精彩，我们可以通过其不同的侧面得出显著的结论。

这20年间浮现出来的故事，与商业世界中一系列重要的变化相关，与一些有时颇具争议的个人有关，也与一些令许多人感到惊讶的职业路径有关，还与大时代背景下的一些强大经济力量有关。尽管20年前没有人曾设想过，但最终影响了哈佛商学院1974届MBA毕业生的职业生涯的关键因素实际上是市场和竞争的全球化。这一经济变化，现在正改变着很多事情的本质，包括管理工作、职业路径、组织的架构及运行、薪资水平，以及更多层面的众多事物。在这里，我所要讲述的故事核心就是这115个人是如何经历这样的变化的，以及他们中的许多人是如何从中获利的。

*

这项研究的根源要追溯到1968年。当时我还是麻省理工学院斯隆商学院教授埃德加·沙因（Edgar Schein）的研究生。沙因教授当时正在追踪一小组毕业生的职业生涯发展路径。[2] 而在协助他的过程中，我开始领略到跟踪研究的魅力。通过这种研究方式，我们可以长期观察、追踪一群人。我对这种研究方式的兴趣，在我1972年发现格兰特研究时，变得越发强烈了。格兰特研究是一项跟踪了一组哈佛毕业生的长期研究，在长达几十年的研究期中投入巨大。[3]

我最初的想法很简单：选择一组学生，尽可能多地收集他们的背景信息，然后观察在接下来的十几年乃至更长的时间中，他们的职业生涯和生活会如何演变。当时我就意识到，这样的研究将会耗费大量的时间和精力，但我决定将它控制在一个相对可管理的水平，不必像格兰特研究那样宏大。虽然当时我对可能会有哪些发现大概有一些预估，但至于具体会有哪些结论，我的想法还并不十分清晰。我当时的愿望仅仅是，随着时间的推进，我可以在这些人身上，以及他们的工作和职业发展上，获得一些有意思的发现。

现在回头看看，这个想法听起来既有些天真，又有些自负。几乎从来没有人愿意资助为期十几年的研究；即便有，他们也不会资助一个默默无闻的助理教授。当我被赞助者屡屡拒绝的时候，哈佛商学院的拉里·弗雷克（Larry Fouraker）院长提出要为我寻找资金，这项研究才得以继续。“放手干吧！”弗雷克院长说。于是，我就放手干了。

在 115 名 1974 届哈佛商学院 MBA 毕业生的帮助下，我从 1975 年 1 月开始，每年收集一次调查问卷，对部分参与者进行访谈，并收集了半数参与者的大量心理测试数据。在一些基础维度上，如年龄、性别、父母的经济状况，这 115 名参与者的背景和这一届的大多数学生相仿，因此我有信心，他们并不是偏差样本。在过去这些年间，大多数参与者的响应都十分积极，90% 的人将每一份调查问卷都寄回给了我们。[4]

结果显示，我所采取的依赖大量调查问卷的策略利弊参半。这个方式让我很难深入了解这 115 名参与者，但能让我有效地控制住这个项目的时间和金钱投入，并让我可以追踪超过 100 名被访者，而不是仅仅局限于其中的一二十人。

有时，我也很好奇，这 115 名参与者这些年来为什么愿意全程参与这个项目？毫无疑问，他们的部分动力来自希望帮助完成一项或许颇有益处的事业的美好愿望。但我想，其中一部分成员或许也认为，每年找一个时机停下来思考一下自己正在做什么，以及自己对生活有何感受，也是非常有价值的体验。当然，我也认为有机会观察、聆听我的这群同时代的朋友是十分愉悦的体验。思考他们的人生经历也让我有机会将自己的人生投射到一个更广阔的视野中，这对于我思考自己人生中所面临的选择也有所帮助。

在最初的计划中，我应该在该项目开始后 10 年左右的节点开始写一本书。但当我在 1983 年试图开始就他们的经历写作时，我发现他们的故事还不够完整，也很难被理解。于是，我停止了写作，继续收集信息。在接下来的几年中，我意识到我正在进行的其他研究也可以为 1974 届的这项调查提供一些洞见。最后，在 1990 年前后，一切开始变得清晰了。到 1992 年，我所收集的这 115 位 MBA 毕业生的资料足够塞满 8 个资料柜的抽屉。我把所有资料从 1979 年开始分成不同的阶段进行整理。我最后发表的研究是在 1990 年、1991 年和 1992 年完成的，而本书的手稿则是在 1992 年和 1993 年完成的。

在这个项目中，至少诞生了 5 本书。一本是历史传记《1974 届》，一本是独立成篇且以分析为主的《新经济环境》，一本是关注心理和个人发展的《成为经理人》，还有一本是更侧重于职业和事业成功的社会评论《成功？》。在一定程度上，这本手稿是集这 5 本书之大成，但它还是更强调最后一本书的议题——职业生涯和成功。

读者们或许会好奇，一个基于一小群哈佛 MBA 个人经历的研究结果对于更广泛群体的意义，应该如何论证。针对这个问题，我也思考良多。我个人认为，从 1974 届哈佛商学院 MBA 毕业生身上所总结出来的许多经验教训，对于更大范围的人群来说也有参照性。这些经验教训和我在同时期针对更多样化的人群所进行的另外 6 个研究项目的结论是一致的。但最终，各位读者还是要从自身出发，判断我这个观点是否正确。

这个情况就和看待体育明星差不多。虽然从罕见的天才球星身上所获得的经验通常都很难推广到其他人身上，但观察这些最成功的球员，总能让人学到一些关于篮球或橄榄球的宝贵经验。我认为，对于观察一群在商业领域非常成功的个人而言，这也是适用的。

*

接下来，我将为你描述这 115 名参与者的经历，以及过去 20 年我观察他们和其他人之后所得出的结论。这些结论中最本质的部分已经被简要地概括在了下文的表格中。表格也展示了后续每一个主题将在哪一部分被讨论。这里，允许我先强调 4 个论点：

1. 在过去的一二十年间，商业及管理领域的成功要素在各种重要的方面发生了转变。在过去的一个世纪中引领成功的职业路径和工作方法，已经不再奏效了。然而，仍有相当数量的人在尝试陈旧的策略，还伴随着从多数主流机构——大型企业、大工会、政府，以及教育机构——那里频繁受到的鼓励。

2. 许多因素共同驱动了成功要素的转变，在这些因素中最重要的就是全球化市场和全球化竞争。全球化使得所有领域的变化都在加速，它在创造更多机会的同时，也在制造更大的风险。简明扼要地说，今天获得大量财富的人们正是从这些机遇中找到了变现的方法。而那些失败的人们之所以失败，也正是受制于全球化的那些风险。

3. 大多数今天在商业和管理领域中有不错成就的人，都曾从全球化中受益。相较于 20 世纪的惯例而言，他们大多数人是选择更具有非线性、变化更大也更不稳定的职业路径而实现的。相较过去，他们和小型商业企业及创业的联系更紧密了，和规模大而官僚化的“企业世界”的联系更弱了。他们很多时候是作为顾问或其他服务的提供者从外部协助大型企业运作，更多地通过领导力而非管理实现了目标，也促进了更多金融交易的达成。

4. 成功应用这些新规则需要我们有很高的标准，也需要有竞争的动力；需要我们在竞争环境下的自信感，以及保持成功和学习新东西的意愿。在目前的经济环境中，那些害怕竞争的人，想要获得安全感的人，渴望稳定的人，最终往往像岩石在水里一样，不断下沉。

这些结论及其他论点，对今天人们该如何规划他们的职业，大大小小的企业该如何运营，以及各种不同层次的教育该如何开展，都有许多启示。最后，我将用新时代的眼光来探讨这些议题，尤其着重探讨我们应该如何在一个困难的经济环境中帮助更多的人获得成功。

新规则

新现状

1. 不要依赖惯例：在过去的一个世纪中成功的职业路径，现在通常无法再次引导同等的成就（第 2 章）。
2. 关注全球化和它的结果：每一件事都在变化，在提供巨大的新机遇的同时，也有等价的风险（第 3 章）。

新回应

3. 逆势转型：选择小的、创业性质的机遇，而不是大的、官僚体系中的机会；速度和灵活性将会是这个竞争日趋激烈的世界的制胜法宝（第 4 章）。
4. 咨询和外包服务的机遇：对大型商业的支持，可以是内部的，也可以是外部的；现在，对顾问和其他服务提供方而言，存在着巨大的机遇（第 5 章）。
5. 领导力优于管理：现在你必须通过领导力才能取得胜利（第 6 章）。
6. 有可能的话，学会讨价还价：对于财务及其他的交易操盘者的职业而言，现在有着巨大的机会（第 7 章）。

夯实基础

7. 提升个人竞争力：无论是今天还是未来，高标准和胜负欲都至关重要（第8章）。

8. 永远不要停止成长：终身学习对于成功而言，越来越重要（第9章）。

1

新现状

第1章

时势维艰：美国梦消亡了吗？

他们成长于美国伟大的扩张期——一个给予“美国梦”概念新生的时代。凯文·约翰逊（Kevin Johnson）就是他们当中的一员。[1]他于1946年3月27日出生于芝加哥附近。在他成长的环境中，上升流动性代表了那个时代的秩序。1954年，凯文的父亲从一名普通的销售人员晋升为销售经理。凯文一家人从距离科米斯基体育场[①]仅10分钟车程的两居室，搬到了温内特卡[②]的一栋四居室的错层小公寓，拥有了一个能停两辆车的车库，一个烧烤露台，还有一个真正的后院。那时的美国经济就像一台动力强劲的引擎。美国的国民生产总值从1946年的2 134亿美元（按1992年的方式计算[③]）不

---

① 芝加哥市区的一个体育场，芝加哥白袜队的主场。——译者注

② 伊利诺伊州库克郡北部的一个镇。——译者注

③ 即根据消费品价格指数，按照上一年度的购买力，计算出的本年度的美元值。——译者注

断上升，到 1968 年，凯文和早期婴儿潮①中诞生的他的同辈一起从斯坦福大学毕业的时候，美国的国民生产总值超过了 10 000 亿美元。在此期间，美国商业成为全世界的标准，那种成功一时间风头无两。1955 年，全球最能创收的 100 家工业企业中，有超过 3/4 的企业位于美国。[2]

然而，美国的全球统治地位在凯文从大学毕业并前往摩托罗拉就职的时候已经开始下滑了，但我们当中只有极少数人意识到这一向下的趋势。在电子制造业工作了 4 年以后，凯文·约翰逊注意到了一个正在崛起的新浪潮——追求 MBA 教育的趋势。②1972 年 9 月，凯文前往波士顿，注册进入了哈佛大学。两年后，他完成了 MBA 项目，并在经济萧条期获得了 4 个不错的工作机会。到当年 6 月他开始参加工作的时候，他觉得自己仿佛是站到了世界之巅。

凯文的乐观主义既源于他自己的早期经历，也源于他在商学院的见闻。在波士顿，他和他的同学被无数次以各种方式告知，他们中的一些人注定成为商业世界中举足轻重的人物。这个“MBA 教育必将带来职业成功”的愿景，甚至在他们参加最后一次考试的时候，再次被《财富》（*Fortune*）杂志的一篇文章证实。这篇着眼于哈佛商学院 1949 届毕业生的文章，标题为《吸金

① 美国婴儿潮特指美国“二战”后的“4664”现象：从 1946 年至 1964 年，美国共有超过 7 500 万婴儿出生，约占当时美国总人口的 1/3，这个人群被称为“婴儿潮一代”。——译者注

② 1972 年，凯文申请商学院的时候，有 32 677 人获得了 MBA 学位；而在他出生那年，这个数字是 2 314 人。[3]——作者注

的一届》。副标题则告诉读者，在过去的 25 年，“1949 届毕业生崛起，获得了权力、声望和财富”。[4] 在这篇文章采用的图片中，你可以看到吉姆·伯克（Jim Burke）——时任强生集团的总裁，萨姆纳·费尔德伯格（Sumner Feldberg）——泽尔连锁店的主席，小文森特·格里高利（Vincent Gregory，Jr.）——化工企业罗门哈斯的总裁，小威廉·汉理（William Hanley，Jr.）——化妆品品牌伊丽莎白·雅顿的总裁，彼得·麦科洛（Peter McColough）——制造复印机的施乐公司的主席，M.G. 奥尼尔（M.G.O’Neil）——通用轮胎的总裁，以及约翰·沙德（John Shad）——E.F. 赫顿证券投资公司的主席。

我怀疑我们当中是否有些人在当时就意识到了那时的经济正在经历着本质上的改变。在经历了 25~35 年的发展与繁荣以后——也就是 1949 届毕业生铸就其事业的时期，整个环境突然间变得更全球化，竞争更激烈，变化更快，更不稳定，也远比之前艰难。美国国民生产总值增速大大放慢，其直接结果就是普通美国公民的生活质量增速大幅下降。

1947—1973 年，美国人已经非常习惯较高的经济增长速度。每过 1.6 代人，美国人的实际生活水平就翻了一倍。1973 年以后，经济增长速度下降，要 12 代人才能实现之前 1.6 代人创造的同样的成果。[5] 对一些人来说，生活质量实际上下降了。一个每过一或两代人经济水平就可以富足一倍的世界，和一个从祖父母到孙辈生活水准都没有太大差别的世界是极其不同的（见图 1.1）。

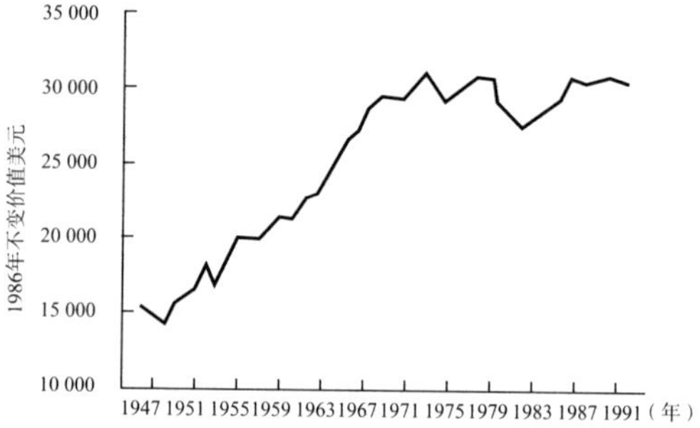

图 1.1　美国家庭实际收入中位数

资料来源：Paul Krugman,*The Age of Diminished Expectations*, Cambridge, MA: MIT Press, 1994, Page 5。

直到 20 世纪 80 年代，多数人（包括凯文）都没有完全意识到，在第一次石油危机时期，一些事情发生了本质性的变化。直到今天，这个变化的所有原因及其所带来的影响，都并不完全清晰。但今天我们确实能知道的是，在“二战”后的 25 年中所造就的高预期已经不适用于今天严苛的全球竞争了。

凯文和成千上万的同辈人正是在这样的一个新时代中开始他们的职业生涯的。他们的脑中仍然充斥着过去的经济增长的繁荣景象，但他们此刻就像从一个大炮中被发射出去一样，一头撞向了砖墙。

*

到 20 世纪 90 年代早期，已经有越来越多和约翰逊同龄或比他更年轻的人开始怀疑他们是否能够像他们的父母一样过上好生活。① 查理·克罗斯基（Charlie Kolowski）是约翰逊的一个高中同学。1981 年，他从一个中层管理职位被裁员，随后有 14 个月的时间都没有找到工作，他不得不满怀疑虑地接受了一份收入和职务都远远低于他以前工作的职位。布兰特·法莫（Brent Farmer）是约翰逊高中橄榄球队的边锋，在芝加哥一家汽车配件厂工作。1989 年，他发现自己的工资下降了 15%。伊丽莎白·布鲁姆（Elizabeth Bloom）是约翰逊七年级时的恋人。1985 年，她在自己的两个孩子开始上学后决定回到职场，却发现自己只能找到时薪为 5~6 美元的服务性岗位。以上三位，还有其他上百万人，开始严重地质疑繁荣持续增加的美国梦。在一份针对 1946—1964 年出生的美国人的研究中，保罗·莱因博格（Paul Leinberger）和布鲁斯·塔克（Bruce Tucker）悲观地总结道："7 500 万婴儿潮成员……将成为美国历史上第一代从经济上没能比他们的父辈过得更好的一代人。"[7]

时势艰难。就连约翰逊也感觉到，比起他过去被引导而产生的预期，商业环境变化得更快了。作为一个公认的狂热的电影爱好者，凯文·约翰逊拥有超过 300 部电影录像带，所以他在 1968 年和 1974 年都曾经考虑过在好莱坞找一份工作。但在他到处咨询的时候，几乎所有人都建议他不要这么做。"我一遍又一遍地被告

① 至少有一个信息来源显示，在 1991 年，按不变价值美元计算，35~45 岁的美国人只拥有他们父辈在同样年纪一半的财富。[6]——作者注

诚，电影行业的工作会非常不稳定，又充满风险。人们说我应该去一个我可以依靠的公司，像IBM（国际商业机器公司）。”他不情愿地接受了这个建议，从1974年6月开始在一家《财富》世界500强企业的电子部门担任财务分析师，并在1975年和1977年得到了晋升。然后，出乎预料地，他的雇主遭遇了来自远东的新的竞争对手，公司的收益就这么停止了增长。“公司的收益曾经以每年接近10%的速度增长，年复一年。然后，突然，我们有了新的竞争对手，销售额几乎跌到零。实际上，我们已经开始亏钱了。我获得快速晋升的机会消失了。更糟糕的是，一些人开始失去工作。这整段经历都让人感到不安。”

5年后，在另一家企业，约翰逊的未来计划进一步被颠覆了：他所在的部门被出售了，他的上司离开了，而他的快速晋升通道再一次被关闭。“我以为在接受这份工作之前，我已经对这个企业和这些人做了充分的研究。但突然，业务被出售了，部门总经理（我的一个强有力的支持者）被取代了。新的负责人重组了一切，我正在跟进的战略项目基本上被取消了。对我来说，一切简直似曾相识。我很确定我妻子会说，接下来的6个月简直没法儿跟我在一起过日子。我会变得非常生气、焦虑、沮丧，而且我完全不确定接下来该做什么。”在1986年圣诞节的前两个星期，他离开了“稳定”的大工业企业，在别的地方重新找了一份工作。

相较于他1974届的同侪，约翰逊遇到的挫折其实并不算大。超过1/3的研究参与者表示，他们至少被开除或裁过一次。比

尔 · 詹姆逊（Bill Jameson）曾经在将近两年的时间内，除了一些咨询项目，没有任何工作。詹姆逊说，他那段时间的压力大到差点摧毁了他的婚姻。而有些人则发现，他们的创业冒险在艰难的经济环境中流产了。特洛伊 · 格利森（Troy Gleason）在他的创业公司破产的时候，损失了将近 50 万美元。实际上，对所有这些人来说，都有那么一段时间，他们感到极度沮丧，因为现实并没有达到他们的预期。在和老板大吵一架，完全没有得到涨薪，且在晋升中被忽略之后，卡伦 · 格利斯特（Karen Glister）在 1980 年的一封回信中写道："想想我花了好几万美元拿了一个 MBA 学位，每周工作 65 小时，忍受了一些非常糟糕的老板，最后就为了这些？"

时势艰难。

*

在过去的 20 年，我都在追踪约翰逊和他的 114 位 MBA 同学。这期间的大部分时间的经济形势都非常艰难。由于婴儿潮，导致劳动力市场拥挤。同时，在已经停止增长的企业里，机会极为有限。在这样的情况下，约翰逊和他的 MBA 同学们过得如何？

他们从 1974 年 6 月开始参加工作。这一届毕业生当时最大的单一雇主是花旗集团。这家银行雇用了 21 名学生，占到毕业生总数的 2.6%。其他主要雇主还包括福特汽车、安达信会计师事务所、通用食品、埃克森石油、高盛、W.R. 格雷斯、宝洁、百特实验室、博伊斯–凯斯凯德公司、麦肯锡、IBM 和惠普。毫无例外，毕业生们的职衔都相对朴实无华：助理销售员、谷物商、顾问、商业分析经理、高级会计、企业策划专员、项目经理、研究分析师、质量保证工程师、高级评估员、销售代表、贷款专员、调度专家、财务分析师，以及类似的许多职衔。其中大约有 30% 的职位可以被算作市场或销售岗位，17% 是金融岗位，13% 是会计或项目控制导向的，13% 是综合管理岗位，还有 10% 则是制作或企业运营岗位。这些岗位有一个重要的相似点——它们都不太需要监管其他人。相反，这些工作从本质上来说就是专业岗位。在这些岗位上，雇员要将他们在学校学到的专业知识与他们被雇主所培养的垂直领域竞争力进行融合。他们的工作内容包括分析商业数据、购买或销售商品、审计账户、规划生产流程、为管理现金流而设计系统，并且为市场研究收集大量的信息。只有不到 5% 的职位会涉及 10 个人以上的管理职责。

这些人平均在这些职位上停留 18 个月左右，[①] 并为第一个雇主工作大约 3.5 年。然后，在 1975 年到 1992 年，凯文班级中的人一般会换两家公司，并先后担任 7 份不同的职务。[②] 这样的经历在大多数时候似乎都应当令人激动并充满动力，但对他们中的大多数人而言，这些年的经历还远远谈不上顺遂或轻松。职业问题因

① 44% 的参与者停留了 1 年，41% 的人停留了 2 年，9% 的人停留了 3 年，6% 的人停留了 4 年以上。——作者注

② 更多关于工作变动的详细数据，见本章文后注释 8—9。——作者注

工作之外的人生动荡而加剧。他们当中的一些人，经历了试图怀孕而最终失败的伤痛；另一些人虽然有了孩子，但却不得不面对后代有先天缺陷的事实。有一名毕业生因为健康问题早逝（年仅 38 岁），还有不少人也承受着无数严重的病痛；不止一个人遭遇了配偶的遗弃；至少有一个人的房子被烧毁了；还有其他不少人遇到了像疯狂的法律诉讼、姻亲危机等各种各样的问题。

尽管有诸如此类的种种问题，但大多数人在他们的职业生涯中都获得了令人震惊的提升。从 1975 年到 1992 年，他们当中的多数人第一次从专业岗位晋升到管理岗位，随后再转换到创业者或高管的角色中。到 1975 年，7% 的人可以被归类为高管、创业者或企业所有者。到 1992 年，80% 的人都进入了这个分类。1975 年，有将近 13% 的人认为综合管理岗位是他们的首要业务点。到 1992 年，超过 50% 的人都如此描述他们的工作。① 他们所掌控的预算额度从零增长到了每年上百万美元，他们所管理的人数，也从零上升到上百人，乃至上千人。他们的职衔印证了他们权力的扩大。到 1992 年，有将近 50% 的人被称为主席、副主席、总裁、常务董事、首席执行官、首席运营官或企业所有者；另有 30% 的人则是执行副总裁、高级副总裁、事业群副总裁、副总裁、董事总经理或合伙人。

他们的财富也随着权力的扩大而增长。研究中的典型对象

① 更多详细数据，见本章文后注释 10—11。——作者注

的收入从 1974 年到 1992 年增长了 10 倍，从 18 000 美元增长到 195 000 美元。他们的资产净值增长了 100 倍，超过了 100 万美元。这相当于 24 个美国家庭的净资产总值。① 对于班级中最成功的那一半人来说，这个数值还要更高。② 对收入相对较低的那一端而言，只有 2% 的人的家庭收入低于一般的美国家庭收入的两倍。③

更令人惊奇的是，1974 届毕业生的财务表现比传奇的哈佛商学院 1949 届毕业生还要好。以 1992 年的美元价值计算，享受了战后繁荣时代的 1949 届学子在他们哈佛商学院毕业 25 周年庆的时候，其平均收入大约是 150 000 美元。1974 届学生在他们毕业 20 周年之前就已经赚到了同样的数额。1949 届的学生人均资产净值在毕业 25 年后，略高于 700 000 美元（以 1992 年的美元价值计算）。[14] 约翰逊和他的同学们同样在毕业 20 周年以前就达到了这个数字（见表 1.1）。

按照目前的趋势发展下去的话，一名 1974 届典型成员在退休的时候，资产净值将达到 800 万美元左右。[15] 头部的 5% 的成员将拥有超过 1 亿美元的净资产。在不计入通货膨胀的情况下，大多数人将会积累 10 倍于他们父母的财富。

1992 年，在 46 岁的时候，约翰逊在一家专注于互动视频制作

① 1989 年美国家庭的资产净值中位数为 47 200 美元 [12]。家庭主要成员年龄在 35~44 岁的家庭的资产净值为 52 000 美元 [13]。——作者注

② 1992 年，1974 届头部 1/4 成员的资产净值中位数为 500 万美元。——作者注

③ 1992 年，1974 届底部 1/4 成员的资产净值中位数为 27.5 万美元。——作者注

软件的公司任执行副总裁，公司年收入达1.5亿美元，约翰逊的年收入则达到了25.5万美元。这是他毕业后的第三个雇主，同时是他工作过的第八个职位（见履历）。他结了婚，有两个孩子，资产净值略高于100万美元。在1993年1月下旬，他表示对自己的人生已经相当满意了。他也承认，有时候他希望自己能成为公司的总裁，再多获得一点公司的股票。但整体来说，他认为自己的工作十分有趣："我终于进入了视频行业！"同时，他对自己的家庭也是热情满满。

表1.1　115名MBA的收入和净资产历史

	1974年	1978年	1983年	1988年	1994年
收入*（中位数）	$18 000	$37 000	$84 500	$142 500	$260 000
收入*（平均数）	$18 500	$48 000	$131 000	$264 000	$410 000
净值（中位数）	$10 000	$50 000	$250 000	$600 000	$1 200 000
净值（平均数）	$46 300	$105 400	$606 800	$1 687 000	$2 789 900

*包括工资、奖金，以及创业者的股权增值。
这些1974届毕业生的数据是基于14%的抽样数据得出的，并与29%的1973届在他们毕业15周年聚会上填写的调查问卷数据所呈现的结果一致。

凯文·约翰逊

职业经历

哈利奥图像　马萨诸塞州，沃尔瑟姆（1987—1993 年）

◎ 执行副总裁，负责市场、销售及行政工作（1991—1993 年）

◎ 市场副总裁（1987—1991 年）

巴图克系统，软件部门　加利福尼亚州，森尼戴尔（1980—1986 年）

◎ 市场副总裁（1984—1986 年）

◎ 高级产品经理（1981—1984 年）

◎ 产品经理（1980 年）

泰伦工业，电子部门　新泽西州，纽瓦克（1974 —1979 年）

◎ 市场经理（1977—1979 年）

◎ 高级财务分析师（1975—1977 年）

◎ 财务分析师（1974 年）

摩托罗拉　伊利诺伊州，芝加哥（1968—1972 年）

◎ 电子工程师及系统分析师

教育经历

哈佛商学院　马萨诸塞州，波士顿（1972—1974 年）

MBA，第二年获得荣誉成绩

金融俱乐部成员，学生报纸 *The Harbus* 执笔

斯坦福大学　加利福尼亚州，帕拉阿图（1964—1968 年）

电子工程专业学士学位，辅修经济学

学生理事会成员，学术委员会成员，垒球队成员

个人经历

背景：1946 年出生，成长于芝加哥附近

婚姻状态：1978 年与黛布拉·莫利顿（波士顿一家银行的副总裁）结婚，有两个孩子

兴趣：动画、帆船、跑步、旅行

最近在看的书：《杜鲁门传》，戴维·G. 麦卡洛夫（David G. McCullough）著；《律师事务所》，约翰·格里斯厄姆（John Grisham）著

不是所有的 1974 届成员都像约翰逊一样过得开心。有些人从未实现他们的预期，但大多数人十分喜欢自己的工作。1992 年，超过 40% 的人对自己的工作非常满意；而另一方面，有大约 3.2% 的人对自己的工作十分不满意。九成参与者已婚，大多数都有孩

子，并且家庭美满[①]。在1974届毕业生当中，工作上的成功极少导致不尽如人意的个人生活（见图 1.2）。整体而言，不到 12% 的人在 1992 年表示他们对自己的人生感到不满。[②]

对这一切的道听途说每年吸引了成百上千的人来到哈佛商学院。在这样一个充满限制的年代，对一些人来说美国梦仍然在继续。

你是否对你的工作感到满意？	否	是
是	1%	80%
否	2%	17%

（横轴：你是否对生活中非工作的方面感到满意？）

图 1.2　1992 年 115 名 1974 届 MBA 对工作及非工作的满意情况

资料来源：基于 1989—1991 年的 60 个调查问卷问题的答案。

那么，他们为什么能表现得如此出色？

他们在经济方面成功的一部分原因可归功于智力，以及拥有一个哈佛学位的优势。但是，智商和教育优势的解释力远小于你的预期。在 1972 年的时候，大量哈佛文理学院的成员拥有比这些

---

① 1993 年参与者对家庭的满意度：非常满意，28%；很满意，33%；满意，24%；比较满意，5%；不满意，10%。——作者注

② 他们的人生“整体满意度”是通过一个从“非常不满意”到“非常满意”的 9 分量表来衡量的。选择 1、2、3、4 分别被视为“不满意”的回复。——作者注

哈佛商学院的学生更好的成绩，但他们的收入却远低于商学院的学生。即便在1974届MBA毕业生中，1993年拥有更高收入的人，在校时也并没有在智力评价中相较于比他们收入更低的同学获得更好的成绩。恰恰相反，今天收入更高的这群人，在商学院的入学测试（GMAT）中的成绩要略低于整体水平。[①]

如果哈佛商学院学位是关键因素，那么1974届参与者中，收入在头部和底部的人的收入差距应该不会太大。但实际上，他们的收入差距极大。在他们退休的时候，位于头部的10%的成员的财富积累将可能是底部10%的成员的100倍。

他们在经济方面的成功无法很好地用家庭背景的差异进行解释。他们当中只有极少数人成长于富裕的环境，大多数人来自中上阶层，但平均下来，他们的成就远胜于来自同样背景的同侪。在同样的阶层中，父母的财富和教育水平也和他们在1993年的收入差异几乎没有什么关系。[②]

他们的成功故事要远比“有钱的男孩就是能做得好”复杂得多，也反常规得多（同样也不是“有关系的孩子做得好”）。传统的解释在这里并没有什么用处的原因是，反常规本身就是故事的关键因素。

---

① 见图8.3。——作者注

② 见图8.2。——作者注

第2章

新规则1：非传统的职业路径

杰里米·金（Jeremy King）成长于一个中产阶级家庭，他的成长历程中并没有什么因财富而获得的特权。他进入了阿尔伯森学院——一个还不错但也算不上顶尖的大学，工作了5年后，他又获得了一个MBA学位。不过20年后，从各种合理的衡量标准来看，他都能算得上是出类拔萃的了。

杰里米·金于1946年6月8日出生在多伦多附近，是家里4个孩子中年龄最小的一个。他的父亲在一家中等规模的制造公司工作——金的祖父也曾在同一家公司工作，是一位技艺高超的技术工人。金的父亲上了8年学之后，就开始了他的职业生涯，然后在接下来的30年间，升到了工厂经理的职位。

1963—1967年，金开始到家乡附近的大学上学，最后获得了经济学学士学位。随后，他开始在加拿大的通用汽车公司上班，并在这里工作了5年后，前去攻读硕士学位。1973年的夏天，金在波士顿的一家投资管理企业工作，并遇到了6年后成为他妻子的那个女人。在 MBA 项目结束时，金接受了一份在伦敦做财务分析师的工作，雇主是一家大型的美国制造企业。

1974—1979 年，金在 3 个不同的城市工作过，最终重新回到了加拿大（见下文的履历）。1979 年，当我们问金他是否认为自己成功的时候，他非常满意地回答道："是。"当被问到如何定义成功的时候，他说："基本上，成功意味着通过实现一个人职业以内及以外的目标而感到开心。"

1980 年，金用自己的钱设立了一只 1 万美元的地产投资基金，并从其他渠道募集了几十万美元。创业并不容易。即便到了今天，金在描述起当时的情景时，你还可以听出来他明显激动的情绪。"我决定小规模地实践一个在美国已经被成功应用但在加拿大还没有出现的概念。它所需要的只是我低声下气地去拜托各方而已，最终我们成功地做了不少生意。"金的妻子负责打理这门生意，而他自己每周也在这门生意上花费 20 个小时。从早上 8 点 30 分到下午 6 点，他是一家大型企业的职员；然后从晚上 8 点到晚上 11 点半，他又继续扮演一个地产创业者的角色。当最近我们问起金怎么看他当年的长工作时间时，他表示："实际上我并没有足够的时间做好每件事，我也不喜欢这样，但为自己而工作是很有趣的。我不用戴领带，我自己来制定商业策略，我也相信这些策略能见效。在这样的情况下，长工作时间似乎也不是很大的负担了。"

1981 年，金换了个雇主，接受了一份蒙特利尔的大制造业公司的工作，升迁到了一个高级职位。35 岁，他成为这家企业高级管理层中最年轻的人。在他加入这家公司之后没多久的一次访谈中，金看起来对新公司充满了激情。在被问到他的长期计划时，他显然对自己的地产生意也充满了希望。

他的这项个人事业几乎从最开始的时候就能盈利。在当时的经济环境下，越来越多的企业更倾向于租赁，而非保有特定的不动产。金为他们提供了一些高质量的租赁产品。此外，蒙特利尔的传统地产商似乎对这些新产品的需求估计错误。1983 年，金开始拓展他的生意，并且采取了一些防御手段以减少竞争。当时他的现金流很强劲。利用不同来源的资金，金和他的妻子买了一套房子，重新装修了里面的一部分房间，然后为孩子的降生做了些计划。

杰里米·金

职业经历

福克斯沃斯地产　加拿大，蒙特利尔（1980—1993 年）

◎ 总经理及总裁（1985—1993 年）

◎ 创始人及兼职管理层（1980—1985 年）

弗格森国际　加拿大，蒙特利尔（1981—1985 年）

◎ 部门营销经理，国际部

卡内基化学　伦敦，布鲁塞尔，蒙特利尔（1974—1977 年）

◎ 总监（1978—1980 年）

◎ 财务分析师（1974—1977 年）

通用汽车　加拿大（1967—1973 年）

◎ 采购代表

教育经历

哈佛商学院　（1974 年）

MBA 学历

阿尔伯森学院（1967 年）

经济学学士学位

个人经历

背景：1946 年出生在多伦多附近，是家里 4 个孩子中最小的一个，父亲是一家制造公司的经理，母亲在家庭之外没有工作

婚姻状态：1979 年与苏珊·阿金森结婚，有两个孩子

语录

“在我上 MBA 项目的两年里，我学到了很多东西。虽然很多具体的事情我已经记不起来了，但我真正记得的是在遇到问题、机会时和在商业

场景中可以运用的一些真正的办法。”（1983 年）

1984 年 2 月，金向我们分享了他成为父亲的快乐，以及他对自己的地产生意的热爱，但他对自己的本职工作的热情降低了。在被问到，1974—1984 年，在我们给出的 22 个问题中他经历了哪些时，他只选择了 3 个：处理企业政治，没有足够的时间分配给工作、家庭和自己，缺少一个导师或榜样。在他的大公司职务中，他有时候甚至觉得他的才能和辛苦付出只是纯粹地被浪费了。这个反馈与他不时有一些闪光点的小生意恰好相反。

1984 年 7 月，带着他从 3 个不同的公司、3 个不同的职能、3 个不同国家的经历中获得的自信和技能，金离开了大企业的世界，并开始彻底全职为自己工作。尽管地产业务的现金流可以解决部分业务的扩张需求，金还是另外募集了一些资金，以保证业务能够更快地增长，且不给竞争者留下更多的空间。1986 年，金邀请了一名商学院同学加入，帮他运营这家企业。到 1987 年，他们已雇用了 20 个人。1988 年，金申请了不少贷款，并从他的早期合作伙伴那里赎回了大部分股份。尽管这样有很大的风险，但他很肯定他的这步棋从长期看可以获得可观的回报。截至此时，尽管地产市场环境较差，金几乎在他冒险做的大多数决策中都获得了胜利。金的客户似乎也很喜欢他提供的产品。

应对艰难的地产市场，有时候也不是简单的事情；对付有诸多要求的客户，有时候也不是什么愉快的事情。想要更多孩子而带来的生活压力和难以说服所有客户的工作挑战，不时让金感到受挫。但总的来说，金认为生活已经对他很不错了。他在商业圈里并不出名，加拿大总理不太可能会打电话给他寻求建议。他也不用决定是否要花上 10 亿美元完成一单并购，或者是否要辞退一万人。但是到 1993 年，他是自己公司的总裁。他没有老板，但是有妻子和两个孩子，还有一套美丽的房子，一大笔收入，以及他在自己的公司中价值几百万美元的股权。这已经是不错的生活了。

*

公众经常将成功的哈佛商学院毕业生和大工业企业的顶级管理层职务联系在一起。举例来说，1949 届毕业生中最出名的两个成员——吉姆 · 伯克和彼得 · 麦科洛，伯克的职业巅峰是成为强生的主席，而麦科洛曾是施乐的主席。基于这样的标准，杰里米 · 金显然是一个异类。但他是吗？

人们特意将像吉姆 · 伯克和彼得 · 麦科洛这样的成功与商学院联系起来，也是很有道理的。这样的大企业和商学院在 150 年前都并不存在。它们是在同时期发展起来的，并且在多数时间里，都是互利互惠的关系（见下文的历史讨论）。在哈佛大学，这样的关系在过去和现在都显而易见。在过去的几十年间，媒体讨论哈佛商学院学习商业管理的学生时，会把他们当作海洋舰队的舰长或空军战队的队长。而在校园内，这些大企业随处可见。图书馆被命名为贝克（花旗集团），MBA 教学楼被命名为阿尔德里奇 / 洛克菲勒（标准石油），餐厅是克雷奇（K 超市）；其中一个管理项目在卡姆诺克设有课程（J.P. 斯蒂文斯）；教师办公楼是摩根（摩根信用担保公司、摩根士丹利）；特定年份客座演讲者可能包括宝洁公司、通用汽车、通用电气、美国纽约化学银行、IBM 等企业的高管们。在招聘季，在校园招聘的雇主就包括这些大公司，再加上许多其他的知名大企业。

商学院和大型企业

在 1860 年以前，几乎所有生意都有一位所有者，或者一个所有者外加一群助手，这些人会负责指导一群数量不多的雇员。[1] 像狄更斯小说《圣诞颂歌》中，商人艾伯纳斯 · 斯克鲁奇（Ebenezer Scrooge）和雇员鲍勃 · 克拉切特（Bob Cratchit）所在的办公室场景，随处可见。基于现实的目的，直到 19 世纪后半叶，大公司、管理层及现代的经理人才出现在美国。但是在并不长的一段时间里，企业的规模迅速增长，同时，成千上万的管理职位出现了。一开始，所有者的助手们及一些工人成了经理。但随着生意变得更加复杂，管理职务也变得更加复杂了。早在 18 世纪 60 年代，我们就可以看到各种有关难以为这些职位找到称职人选的抱怨。[2]

1881 年，宾夕法尼亚大学为响应这些时代的变化，成立了沃顿商学院，提供商业管理专业的本科学位。加利福尼亚大学和芝加哥大学在 7 年后开始设立商学院。随后，其他学校开始陆续跟随，这其中就包括在 1908 年也成立了商学院的哈佛大学。[3] 不像宾夕法尼亚大学、芝加哥大学等学校，哈佛大学提供的是一个商业管理的硕士学位。以它的法学院为范本，哈佛大学招募了一些已经完成了本科教育的年轻人。哈佛商学院希望培养他们成为能够处理复杂职责并增加中小型企业数量的职业经理人。乔治·贝克说，花旗集团当时的领头人对自己在 1925 年所看到的一切印象深刻，并出资为哈佛商学院建造了 8 座校园建筑。[4]

到 1926 年，总共有 57 728 名学生在美国的 132 个学院和大学的商科就读。共计 2 575 名教员在教授商科课程。两个沃顿商学院的教授就当时的管理教育进行了研究，他们明确地提到，就读于这些项目的学生中，“很显然将有大量且越来越多的商业管理毕业生会进入大企业任职”。[5] 在 20 世纪 30 年代、40 年代、50 年代，乃至 60 年代，人们见到的最成功的管理学院毕业生正是这么做的。他们加入大公司，并（像吉姆·伯克和彼得·麦科洛一样）最终成为企业的首席执行官。

许多商学院和大公司之间发展出了一种互利互惠的关系。哈佛大学获得了来自许多大企业的捐款，以支持它的课程及项目研究。哈佛商学院也获得了接触有趣的商业问题的途径，并以此撰写课程案例。学院教授所做的首个重点社会科学研究，正是因为有一间芝加哥地区的西部电力（AT&T）工厂的支持，才得以实现。[6]作为回报，哈佛商学院为这些企业培养了管理人才，并帮助这些企业通过校园讲座和招聘项目获得接触这些人才的途径。

小型企业几乎完全被排斥在这样的关系之外。他们并不是每年都在年轻管理者的求职市场上出现，他们也没什么钱可以捐给哈佛商学院。除此之外，他们更喜欢有街头智慧的全能人才，而不是更擅长分析的大学科班出身的学生。

以上种种，就让图2.1显得十分有意思了。尽管小型和超小型企业在1974年春天哈佛校园内的正式招聘进程上几乎不见踪迹，这一年却有28%的毕业生最终是在这样的企业里就职的。只有比这个比例略高一点的36%的毕业生最终去了大型或超大型组织里就职。剩下的人则在中型企业任职。①但这个在大公司任职的低比例，仅仅是一个长期性的比例下降的开始。到1983年，仅有31%的1974届哈佛商学院MBA毕业生在大公司任职。1991年，这一比例只剩下23%。而从另一端来说，1983年有43%的毕业生在小企业任职，而到了1992年，这一比例则是惊人的62%。杰里米·金在小企业的职务，完全算不上异类。

① 超小型企业＝1~100名员工，小企业＝101~1 000员工，中型企业＝1 001~10 000名员工，大企业＝10 001~100 000员工，超大型企业＝100 001以上的员工。——作者注

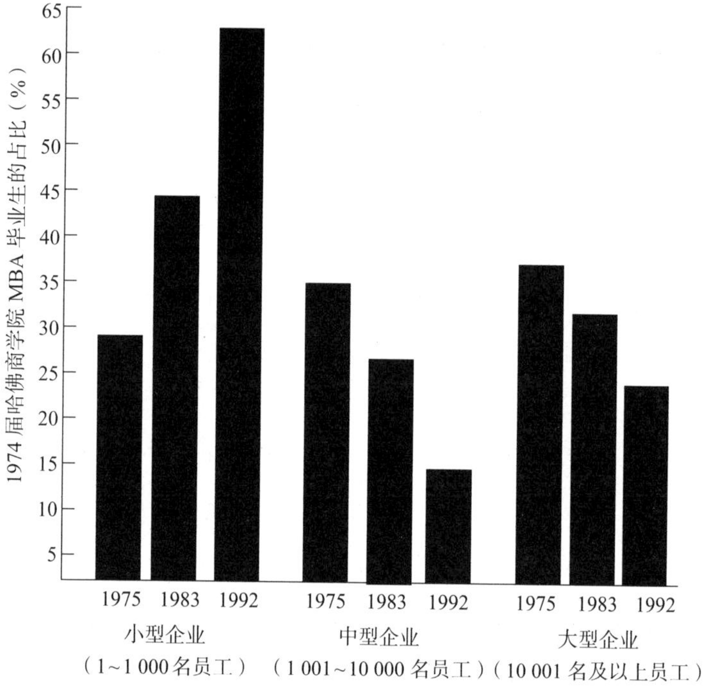

图 2.1　1974 届哈佛商学院 MBA 毕业生的雇主企业的规模

更多详情，见本章文后注释 7。

从其他参与他们 15 周年和 20 周年聚会的哈佛商学院毕业生那里收到的调查问卷显示，图 2.1 中的数据并不仅仅存在于 1974 届哈佛商学院 MBA 毕业生中。虽然 20 世纪 30 年代和 40 年代的学生主要在大公司任职，但近些年来，更多 MBA 毕业生开始转向小型企业。[8] 举例来说，在 1959 届毕业生中，到他们的毕业 30 周年庆时，大约有 65% 的学生在中小企业任职。[9] 如果以现在的趋势继续下去的话，75%（甚至更多）的 1974 届哈佛商学院毕业生在他们毕业 30 周年聚会时，会加入小型企业。在哈佛商学院的历史、课程、与大公司的关系和学生就职过程中，这个模式几乎就和西点军校的毕业生不再到军队任职一样明显。

*

凯文 · 约翰逊、杰里米 · 金和他们的同学在 MBA 项目一年级的时候，都上过一门叫作“组织的问题”的课程。在 30 节课中，他们研究了 29 个案例，其中只有 1 个是关于创业者的。这其中有关上市资产和职业化运营的案例，与创业案例之间的悬殊比例，与大多数必修课程中的情况是类似的，也与学院整体对大企业的重视程度一致。大多数课程中有一条潜藏的信息，那就是：创业公司和创业的场景并没有那么复杂，不值得运用在商学院里所教授的强大分析工具。你不需要从一个顶尖学府拿到一个 MBA 学位，才能在一个雪佛兰经销商那儿管理汽车销售，或者在麦当劳管理给汉堡包翻面的人。一个成功的 MBA 毕业生，应该是一个管理复杂企业的职业经理人。至少有一名哈佛商学院教员所著的书曾明确地表达了这一点：哈佛商学院并不是试图制造“推广员 / 创业者”，而是试图培养“管理者 / 经理人”。[10]

在 1973—1974 年的 42 门选修课中，哈佛商学院确实提供了 2 门关注小企业并较多讨论创业场景的课程。但几乎没有在职教师愿意教授这些课程。这一方面是因为创业并不是一个受欢迎的商学院主题，另一方面则是创业看起来并不是哈佛商学院的核心使命的一部分。大多数时候，与小企业相关的课程被转交给了副教授或访问教授。

甚至可以说，哈佛商学院的教学过程更像是一个上市企业，而非一个创业公司。固定的架构和僵化的程式随处可见。每一天，学生们会读 3 个商业案例，然后和同一组的 80 个学生一起进行讨论，日复一日。这其中给个人主动性留的空间非常小。哈佛商学院的“官僚主义”喂养了他们，驯养了他们，教化了他们，最终告诉他们该干什么，该在什么时候做这些事情。来自学生的建议偶尔会被学院管理者们听到，然后管理者们会用如同最坚定的美国邮政体系公务员一般的热情来对待（但并不起到改变的作用）。

菲尔·莫林（Phil Morin）喜欢他在哈佛商学院发现的大多数事物，但讨厌这里的僵化程式。作为一个天生的创业者，他时不时会从他的商学院经历中感受到阵痛，不是因为长时间的学习及繁重的功课，而是因为他眼中的那监狱一般的氛围。他严肃地考虑过退学，但他拒绝接受他是被击败了的想法。

在他的教育经历的末尾，莫林发现几乎没有创业企业到学校提供职位，实习机会基本都来自诸如花旗集团或 W.R. 格雷斯一类的企业。满是职业经理人的企业，部分任职者还是 MBA，他们来到波士顿招募更多的和他们一样的人。这个模式和大多数人对哈佛商学院及它的毕业生的认知一致。大多数人认为，MBA 是接受过职业培训的人，最终会运营一些由自学成才的人们所建立的企业，比如山姆·沃尔顿（Sam Walton）、老汤姆·华生（Tom Watson, Sr.）、玫琳凯·艾施（Mary Kay Ash）等。这里的假设是，一旦企业的创始人离开了，而企业本身的规模又很大的话，你就需要更复杂且更具有系统性的 MBA 技能来管理这家企业。

这一切就让图 2.2 中的数字变得很有意思了。1974 届 MBA 毕业生中有很大一部分人都在上市企业的范围之外工作。许多人开始了他们自己的事业；有一些人在其他人创立的事业中获得了相当份额的股权和最高的管理职位；一部分人成为自由职业者。但整体上，超过 40% 的 1974 届毕业生到 1992 年时，在一定程度上可以被称为创业者。通过大型商业谈判或提供领导力以提升企业发展的方式来展现他们创业者精神的一面的人大概占到了 1974 届毕业生的 70%。

1973 年，如果你告诉年轻的助理教授克特，最终他将有近一半

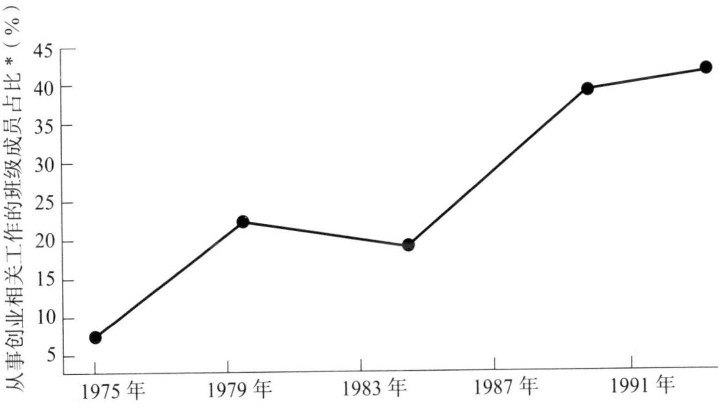

图 2.2 来自哈佛商学院 1974 届 MBA 毕业生中的创业者

*统计的范围包括以拥有、运营或部分拥有、协助运营一家企业作为主要工作的个人。不包括退休、无职或不继续发展 MBA 式的职业路径（如作家）的个人。

的学生会成为创业者，他或许会给你一个微笑——一个学界专供给没有接受过教育和无知的人群的充满优越感的微笑。[11]

*

在他们的“组织的问题”课程中，1974 届哈佛商学院的 MBA 学生们讨论了制造业和非制造业场景下的案例，但数量并不对等。大概有 18 个案例包含制造业企业，包括 TRW、爱尔康实验室、大陆制罐（被称为帝国玻璃）、ITT、克拉克设备、内陆钢铁公司（被称为大陆钢铁）、一个大型石油公司（德克萨纳）、一个运动服装企业（萨曼莎）、两个电子元件企业（希金斯设备和贝恩斯设备）、一家航空企业（航天系统）等。9 个案例是关于非制造领域的，包括一些停车购物的超市（兰德里商铺）、一家豪车 / 出租车 / 租车运输公司（丹佛运输）、一家大宗商品交易组织（国际金属）等。在必修课程中，这个模式也是十分常见的。市场营销课程侧重于营销商品；企业运营课程几乎完全是在制造业的范围内讲授；会计及财务控制课程一般都局限于工业范围。职务中的典范几乎都是制造业企业的高级管理人员。当被问到这种选择的合理性时，教师一般都会表示，这只是在反映实际商业环境中的重要企业及美国顶尖的企业——《财富》世界 500 强。学生在这里被教导学习如何营销宝洁的产品，以及如何为福特一类的企业制造产品。

就职过程及校内系列讲座与课程相比都有更多非制造业的案例。有些商业银行（如花旗集团或第一芝加哥银行）、咨询公司（如麦肯锡）和投资银行（如高盛）都非常活跃。但制造业仍旧是主流。

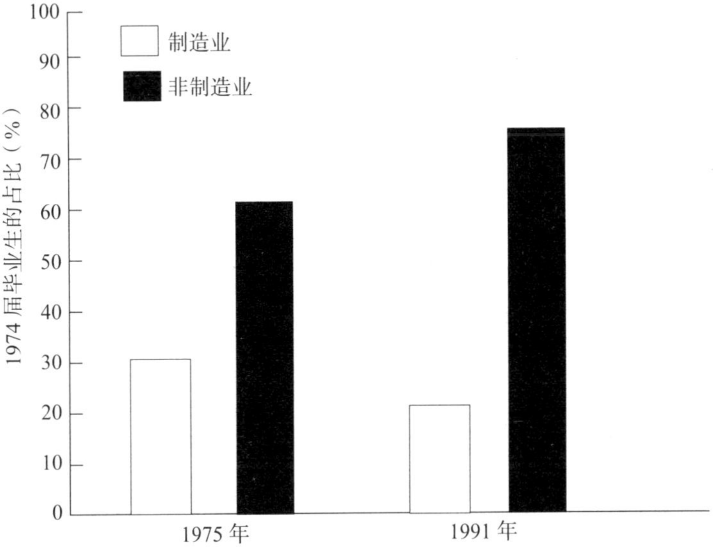

图 2.3　哈佛商学院 1974 届 MBA 毕业生所任职的行业

不包括已经退休、失业或不在 MBA 式职业路径中（如作家）的毕业生。

1974 届哈佛商学院 MBA 毕业生的职业发展路径的统计数据又一次展现了一个很有趣的统计结果。相比哈佛商学院所显现的所有信号，更少的毕业生选择了在制造业就职；每有一个学生毕业后选择在制造业企业就职，就有两个学生在其他行业中就职。而到了 1991 年，在制造业就职的学生就更少了——仅占到 1974 届 MBA 毕业生整体的 21%。

在非制造业就职的毕业生们供职于大量不同的行业。比例最高的是在金融行业——商业银行、投资银行、投资管理企业，以及大宗商品交易——仅这一项在1991年时就占到1974届MBA毕业生的31%。另有10%的人在咨询行业，7%的人在地产行业，大约5%的人在物流行业。

这种远离制造业的趋势与趋向小企业和创业的趋势交织在了一起。

这3个趋势意味着，更少的人会去追寻与吉姆·伯克和彼得·麦科洛一样的职业道路。1992年，1974届MBA毕业生中只有8%的人在制造业企业担任管理人员（或在成为高级管理人员的路上）。而且这还包括了各种不同规模的制造业企业。将近一半（48%）的1974届MBA毕业生成了创业者（或正在非常积极地尝试成为创业者）。还有29%的人在各种非制造业企业中担任高管职位（或即将担任高管职位）。剩下的人大多在中层管理层（8%）或不再追求MBA式的职业路径（9%，包括已经退休的和加入军队的）。

杰里米·金并不是班级中的一个异类。1974届MBA毕业生中的拉尔夫·邓希尔（Ralph Dunhill）后来成了一家年营业额超过50亿美元的制造业企业的副总裁。邓希尔才是那个异类。

*

为什么他们都开始追寻这样一条非传统的职业道路？我们将

在第3章到第7章中具体地探讨这个话题。在这里，我可以给出的简要答案只有：这里有更大的机会。

能揭示这一现象的方法是研究班级中那些选择了传统路径——在大公司尤其是大制造业公司成为职业经理人的人。从各种衡量标准来看，相较于他们采取了非传统路径的同学来说，这部分人中的大多数都较不成功（见图2.4和图2.5）。比如，我们将在这本书里从始至终看到，传统主义者平均收入更少，他们大多数人所获得的权力和权威性也更弱。而且他们普遍表

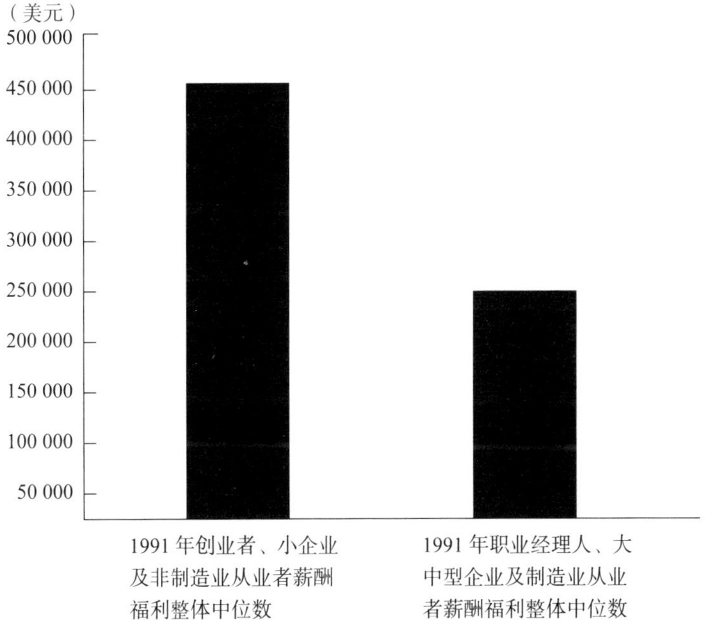

图2.4 在制造业和非制造业供职的1974届哈佛商学院MBA毕业生工资对比

更多的细节，见本章文后注释12。

示自己面对了更多的问题，或是从工作中得到了更少的个人满足感。

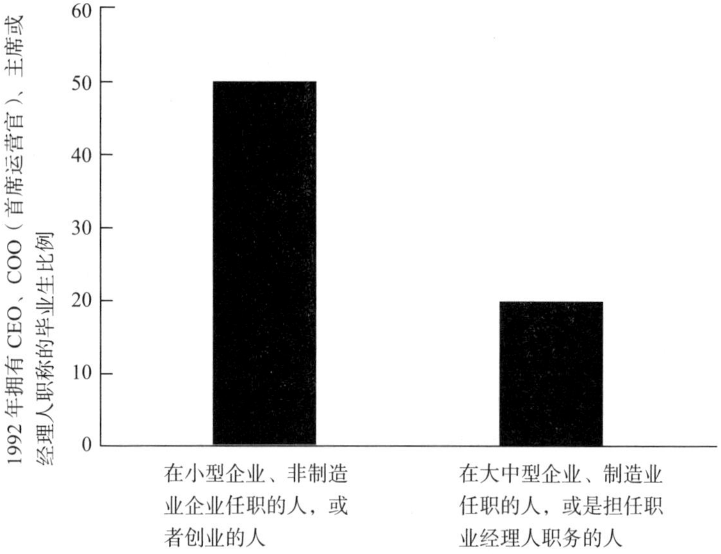

图 2.5　追寻传统和非传统职业路径的 1974 届 MBA 毕业生权力 / 自治权差异

更多的细节，见本章文后注释 13。

除此之外，我在职场上也越来越多地遇到我们在这个 MBA 班级中所发现的现象。在过去的那个世纪（20 世纪），让个人获得更高成就的职业似乎已经很难提供良好的机会了。这其中包括的不只是大工业企业，也包括在那些组织中的工会职务。一股非常强大的力量正在改变职业生活——对顶级的管理者是这样，对没有技能的工人是这样，对每一个人都是这样。

新规则 1

机会所在的领域正在发生转变。今天职业上的成功所需要的策略和职业路径与 20 世纪中叶所留下来的传统有极大不同。越来越明显的一条新规则是：当心常规和传统。在一个快速变化的时代，非传统的选择通常意味着胜利。

第3章

新规则2：全球化的机遇与挑战

如果你想要了解，为什么《财富》世界500强企业内的传统职业生涯不能继续提供像过去几十年间那样的丰厚回报了，首先你需要理解的是当今经济环境发生了什么样的变化。今天的商业世界，和过去持续了将近一个世纪的那个商业世界，已经非常不一样了。尤其是1994年的商业世界和1954年的商业世界之间竞争力的对比，展现出在所有的行业和所有的国家里，游戏规则是怎么样变化的。

*

如果说有那么一个日子完美地分隔了“二战”后的经济时代和我们今天所在的时代，那这一天恐怕就是1973年10月16日。[1]这一天，海湾地区的石油生产者们无视大量西方石油企业的抗议，第一次单方面将石油的挂牌价大幅度提升了70%，拉高到5.11美元一桶的价位。10 月 17 日，阿拉伯石油大臣们同意削减产量，计划 12 月中旬将石油价格继续推升，直至每桶 17 美元。[2] 这两个举措最明显地标记了美国对全世界经济统治的终结，同时也意味着一种真正的全球化经济的开端①。

凯文·约翰逊和他的同学们立刻就和所有的美国人一样，感受到了这些决定的余震。因为部分波士顿车主开始恐慌，在北哈佛街和西部大道②交叉口附近的两个加油站，他们时不时都能看到一些加油者排起的长队。雷·柯林斯（Ray Collins）一想起当时要等上一个小时才能加上油的经历，以及一些加油的人只要加四五加仑③的油，油缸就满了，却还是来排队加油的情况，他就忍不住直摇头。像其他的美国民众、经济学家、商业人士，甚至公共政策专家一样，我们的 MBA 学生中也极少有人注意到这些事件在未来的影响会有多显著。也没有多少人意识到最终的讽刺意味——那些本来希望能够起到减少竞争、规范价格并为石油生产者提供创造稳定性的措施，最终开启了一个以竞争更激烈、管控更少且更不稳定而著称的时代。

---

① 尽管在第二次世界大战结束后到 1973 年，在许多事件中，美国也表现出了政治或军事上谦逊的态度，但这期间不曾有过任何美国以外的相关方采取的措施导致了和第一次石油危机一样的经济效应。1973 年，那个固有的“美国经济是如此强大，以至于基本上不可能被世界其他地方的经济力量所击败”的观念被彻底打破了。——作者注

② 这是哈佛大学校园附近的两条道路。——译者注

③ 1 加仑约为 3.79 升。——编者注

这个新的时代可以被视为美国的大公司资本主义的第三阶段①。[3]第一阶段②大约是从1860年到1930年，差不多跨越了三代人，从1974届MBA毕业生的曾祖父的时代到他们父母出生的时期。在这期间，美国出现了最早的、真正的大型商业企业。不少积极的事件都发生在这个时期：国民预期寿命和收入整体上涨了不少。但这个时代也有其黑暗的一面：新企业权力的滥用导致了不少的问题，同时贫富差距也进一步拉大了（具体见下文的历史讨论）。

美国大公司资本主义的第一阶段

这是一个美国最早的一批大型商业企业——美国钢铁、标准石油、通用汽车、通用电气——被创造出来的时代。[4]从某个层面来说，美国南北战争可以视为，想要停留在农耕经济和封建制度中的人民和想要从工业革命中获得经济增长的人民之间的战争。工业化胜利了，并且它随后在共和党的领导下茁壮成长，他们（共和党）赢得了这期间17次选举中的13次。在这个时代，成千上万的制造业企业被建立起来，同时历史上从未有这么多的发明创造和重要的科学发现像此时一样出现。伯勒斯（Burroughs）发明了首部现代加法器，威斯汀豪斯（Westinghouse）发明了首个气闸，卡里尔（Carrier）发明

① 后文所称“第三阶段”“第三经济阶段”均指此阶段。——编者注

② 后文所称“第一阶段”“第一经济阶段”均指此阶段。——编者注

了首台空调，斯佩里（Sperry）发明了自动航线驾驶仪，伊斯门（Eastman）发明了照相机，伯宰（Birdseye）发明了冷冻食物的制作工艺，希克（Schick）发明了电动剃刀，贝尔（Bell）发明了电话。1880—1930 年在美国出现的重要发明的数量，比此前或此后的任何 50 年间、任何国家所出现的都多。[5]

从多重标准来看，大公司资本主义的第一阶段都是一个巨大的成功。人的预期寿命从 39 岁增长到了将近 60 岁。[6] 提高劳动力效率的发明减少了烦琐的体力工作量。上百万曾经穷困潦倒的先辈上升到了中产阶级。到 1925 年，许多人过上了他们的曾祖父母辈曾经做梦都不敢想的生活。

然而，和所有的福利一同到来的还有人们所不希望看到的情况。工业化同时也改变和颠覆了人们的生活和所在的社区。有些工厂主和经理人利用他们的新经济力量去剥削工人，令工人陷入长时间的劳作及不安全的工作环境中。扩张和萧条的经济周期则制造了很多困难。最令人们困扰的是，社会意义上的贫富差距正在加大。虽然就连最贫困的人的财富也在增加，但一般市民和收入顶尖人群之间的差距——不再以大地主为代表，而变成了诸如洛克菲勒之类的工业家——已经大得惊人。

第一阶段由工业革命所推动，并由共和党总统们所领导，它在 1930 年前后被新的时代所替代，这个新的时代有着民主党领导下的强政府干预色彩。第二阶段①——从 1930 年到 1970 年，在这

① 后文所称“第二阶段”“第二经济阶段”均指此阶段。——编者注

个民主党赢得了 7 次总统选举的时期里，人们的主要尝试是在不抛弃资本主义的前提下，改善大公司资本主义。

第二阶段始于 20 世纪初，并随着反托拉斯立法和征收个人所得税的宪法修正案的通过而循序渐进。但第一阶段真正的结束还是要到 1929 年的“黑色星期二”大萧条。随后，人们对自由放任的资本主义的信任彻底坍塌。随着罗斯福和他的新政而来的是政府对经济的大量干预——试图抑制经济大起大落的周期并减小贫富差距。凯恩斯经济学自此首次被应用在了主流领域。1935 年社会安全法案对个人所得税的提升（在 1944 年将最高边际税率推到了 94%），以及 1935 年的瓦格纳法案（将工会成员占非农劳动力的比例从“二战”末期的 11.6% 提升到了 1930 年的 30% 以上），都成功帮政府将财富从有钱人那儿转移给了穷人。20 世纪 30 年代、40 年代、50 年代到 60 年代的其他规定，通过成百上千的方式，试图实现一个共同的目的：通过在经济下滑时期刺激经济增长，规范企业和管理行为，帮助穷人通过教育和组织来提高在劳动市场的竞争力，并且给没有竞争能力的人提供收入，来减少现代经济竞争所带来的问题。甚至于有一些大公司内部的政策也有了类似的效果。企业的官僚化抑制了那些导致经济大萧条和大繁荣的投机和冒险主义。福利和工资策略则限制了从清洁工到首席执行官的收入范围[①]。

① 这就是海氏工作评价体系和其他奖励管理方案被发明的时代。——作者注

就像第一经济阶段一样，大公司资本主义的第二个阶段从多重角度来说都是非常成功的。国民的预期寿命持续增长，从 59.7 岁上升到了 70.8 岁。[7] 以今天的标准来看，贫困人口占总人口的比例从 40% 以上下降到了 12.6%。[8] 从“二战”末期到 1973 年，美国工人的真实收入每年都实实在在地增长了 2.5%~3%。[9] 经济繁荣与萧条的周期性变得不那么显著。生活便利和娱乐资源曾经是富人的专属，现在也几乎人人可以享用——不只是洗衣机、电视机这些家电，甚至还有强大的汽车和飞机。

但正如大公司资本主义的开端有其黑暗面一样，第二阶段也有它的问题。政府、工会及企业自身确立了字面意义上数以百万计的规定，助长了官僚主义，一定程度上导致了社会发展缓慢、成本高昂、效率低下。在第二阶段的末期，上百万的“职业经理人”和他们的“工人”已经学会了这套系统并习以为常，且认为这就是“好”的。如果这些企业只和以类似方式、在类似环境下运营的企业竞争，或者是只和比他们更弱的外国企业竞争，这些问题就相对不那么显眼。当市场上只有通用汽车、福特、克莱斯勒和美国汽车公司的时候，没有多少人会注意到，它们都和美国汽车工会签订了合同，因而不必要地增加了汽车的成本；也不会有多少人注意到，它们都有官僚化的问题，最终导致了它们对消费者偏好和新的技术可能性反应迟缓。但当汽油价格突然增长了 3 倍，人们就会注意到，日本的汽车公司迅速响应了这一变化，提供了燃油效率更高且更便宜的车型。

正如第一经济阶段受到了工业革命的强烈影响，第二经济阶段受到了政府行为的强烈影响，第三经济阶段整体上看起来可以算是持续扩张的全球化的产物①。这个结论从贸易数字上可见一斑：1973—1991年，美国的进出口扩张达到500%，而日本则实现了700%的飞跃。[10]但全球化不仅仅只是贸易。自16世纪早期以来，地球上在地理上相距甚远的区域之间的联系变得越来越紧密，但直到近些年，我们才开始看到一小群人的经济决策迅速扩散并影响全球几十亿人、上千万企业的可能性。

全球化是许多不同力量的共同产物，有一些是政治力量（自1945年以来没有大型战争），有一些是技术力量（更快、更便宜的交通和信息传输成本），还有一些是经济力量（成熟的企业试图在它们的所在国之外的地区寻求更大的发展）。全球经济相互依存度增长，颠覆了美国和欧洲的社会福利资本主义体系，在发展中国家撼动了国家所有制和家庭资本主义的顽固架构。这个变化也对一些行业中的美国企业在全球市场的份额有着破坏性的打击②。

---

① 有些人或许会说技术变革又一次成为主要驱动力。全球化和技术改变显然是互补的。提升全球化意味着加大竞争，相应地，也就会刺激对研发的投入，然后再相应地推动技术变革，而这些情况（例如，传真、协和客机）则会进一步加深全球化。——作者注

② 例如：轮胎行业的份额从35%下滑到24%[11]，钢铁行业从19%下滑到12%[12]，电视行业从17%下降到12%[13]，汽车行业从28%下降到17%[14]。——作者注

第一阶段	第二阶段	第三阶段
• 核心影响因素：工业革命	• 核心影响因素：政府干预	• 核心影响因素：全球化市场和竞争
• 主要由共和党管理政府	• 主要由民主党管理政府	• 截至目前，主要由共和党管理政府

1860 年 ——→ 1930 年 ——→ 1970 年 ——→

图 3.1　美国大企业资本主义的各个阶段

任何在 1973 年就预测到了今天这些变化的人，在当时都会被无视或是被视为不可理喻的人。而时至今日，大多数人都已经意识到了这些变化趋势，但我认为，极少有人真正想清楚了这些变化意味着什么。这些趋势的影响很多，也相当重要——尤其是涉及今天在职场上要如何做才能成功，以及为什么那么多 1974 届哈佛商学院 MBA 毕业生都开始追求在《财富》世界 500 强管理层以外的职业道路。

*

对于这个新经济时代，几乎所有人的回应都是，减少规定、规则、官僚主义和官僚主义的思维方式，以提高竞争力。到目前为止，美国的新经济时代基本上是在华盛顿的共和党政府的治下[①]。整体来说，改变的举措进展缓慢，而且经常都伴随着阵痛，同时几乎对每个人而言都有举足轻重的影响——这里的每个人也

① 截至我写下这部分手稿的 1993 年 5 月，民主党入主白宫的时间，在过去的 24 年半中，仅有 4 年半。——作者注

包括像1974届哈佛商学院MBA中迈克尔·兰德（Michael Lender）这样年轻且受过良好教育的年轻人。

兰德于1948年出生在田纳西州，是家里的第三个孩子，父母的职业分别是医药销售和办公室秘书。迈克尔在高中的成绩不错，但算不上顶尖，大学申请到了位于克利夫兰市的凯斯西储大学，并在1970年拿到了一个会计学本科学位——一个他直到今天都承认既爱又恨的专业。毕业后的两年里，他在克利夫兰的普华永道分公司工作了两年，直到来波士顿上哈佛商学院。1974年，他重新加入了克利夫兰的这家大型审计企业，但只待了1年。1975年10月，他接受了他的客户——一家大型制造企业所提供的职位，在他们的企业财务办公室任职。

“当我到那儿的时候，”兰德用他直到1994年都依然明显的南方拖腔说，“芝加哥工业已经开始受到欧洲和远东企业竞争的冲击了。但在1975年和1976年，这种冲击大幅提升了——部分是因为芝加哥工业将增加的能源成本转嫁给了他们的顾客，而日本竞争者则非常激进地调整了生产流程，让产品对昂贵石油的依赖降低了。这导致我们的收入增长速度放慢了，我们的利润和市场份额都一起降低了。公司高层试图发起一些小举措来应对所有的变化——直至1979年。这一年，他们转向一家咨询公司寻求帮助，我的同学特雷弗·詹姆斯（Trevor James）也在这家公司工作（见下文的履历）。”

在长达一年的研究后，咨询顾问们为兰德所在的企业提出了大量需要大力改革的建议。“他们建议集团应该出售一项业务，因为这家公司并没有可持续的竞争优势，无法在长期的竞争中获胜。”兰德后来回忆道，“他们还提出了一项重大重组建议，希望以此减少总部的员工人数，以及相应的官僚主义。他们建议企业工会正视目前新的竞争现实，并大幅减少目前严苛的工作限制条款。他们还定位出了3个收购机会。这些收购案或许能帮助我们提高市场份额，并提高我们在两个主要商业领域的国际市场辐射面。”

严丝合缝的推理逻辑和大量的定量数据支撑着顾问们的这些建议。兰德表示，他当时印象非常深刻：“在MBA项目里，这样的一份报告可以拿到一个A。”但公司的大多数管理层都给了这份报告一个C–。他们永远都能找出无穷无尽的理由来反对这些激烈的变化：现在的情况还没有差到能合理化这些高风险的举措；这些顾问们太年轻了，没有经验，也不懂公司的业务；日本竞争者目前占到了上风

不过是运气，而不是真的决策明智；和工会正面对抗太过天真了，而且十分危险；顾问们建议拆分的业务运营得挺好的，而且有机会成为市场竞争的赢家；重组的计划会把孩子和洗澡水一起泼掉；还有其他各种各样的理由。在长达50年的成功之后，这家公司的企业文化已经无法应对新的竞争环境了。而在这方面，以及其他很多方面，芝加哥工业的情况并不罕见。[15]

特雷弗·詹姆斯

职业经历

戈登 – 詹姆斯咨询集团　华盛顿特区（1986—1993 年）

◎ 联合创始人及总裁

华莱士·埃弗斯（一家大型咨询公司）华盛顿特区（1974—1985 年）

◎ 总裁（1985 年）

◎ 执行组长（1984 年）

◎ 高级顾问（1980—1984 年）

◎ 顾问（1974—1979 年）

美国联合航空　芝加哥（1968—1972 年）

教育经历

哈佛商学院　马萨诸塞州，波士顿（1972—1974 年）

马萨诸塞州州立大学　马萨诸塞州，波士顿（1964—1968 年）

航空工程理学学士学位，“艺术及世界时事委员会”主席，校游泳队成员，校刊编辑

个人经历

背景：1944 年出生在波士顿，家里 6 个孩子中的第二个孩子，父亲是一位独立电工，母亲为家庭妇女

婚姻状态：1973 年与海伦 · 杜根结婚，育有 4 个孩子，海伦也有一个 MBA 学位，且也在戈登 – 詹姆斯咨询集团工作

语录

“从华莱士 · 埃弗斯的高压环境出来后，我开始花更多的时间放松和审视自己。我对成功的概念曾经是被我接触的人所定义的，也就是说，成功意味着在一家大公司担任高管。但当我从那个环境中出来，然后开始重新观察世界时，我意识到，拥有 3 个迈达斯汽修店的人其实赚得盆满钵满。可能他并没有接受很好的教育，但如果你和这个店主聊起来的话，你会意识到你的生活还可以有非常多不同的路，以及这个世界上其实有不少有趣的人，在用和你不一样的方式生活。”（1991 年）

又拖了 3 年以后，情况变得更糟了。同时，公司最高管理层中有两位关键人物提前退休了。然后，在多次讨论之后，从 1983 年到 1987 年，顾问们的大部分建议终于被采纳了。也因此，兰德之前在企业财务部门的职位和成百上千个其他职位一起被裁掉了。集团卖掉了一项业务，同时另外收购了 4 家企业。在短暂的罢工抗议之后，工会选择减少了对工作的限制性措施。薪资水平也下降了，影响了成千上万的工会成员。就像美国所有其他的工人运动一样，工会之

所以会退让，是因为它处处受敌。1970年，美国有28.4%的非农业劳动力是工会成员。到1991年，这个数字下降到了16.1%。[16]

芝加哥工业在20世纪80年代中期所采取的这些变革措施影响了所有雇员。那些传统的经理人失去了在管理层中获得晋升的机会。同时，如果想要快人一步，必须要有足够的领导力，以建立新业务或逆转下滑的业务。有些人觉得这些变化非常令人困惑，且感觉受到了威胁。另一些人——比如兰德——对这些事件则有不同的观点。“我们行业中发生的这些变化有些时候确实让人感到崩溃，”他在1984年的一次访谈中提到，“但这些变化同时也是激动人心的。我讨厌乏味——这是我最后对财务工作的感觉。尽管过去的六七年不总是有趣，那段时间至少也并不无聊。”

兰德在1977年离开了他原先的企业财务工作。“因为我的背景，因为刻板印象，我一度被认为是一个‘数豆子’的。因此我想，唯一能打破这个刻板印象的方式就是离开财务领域。”他接着在一个分销职位上工作了两年。“然后第一批顾问入行了。我想我可以尝试找个职位，践行他们的一些想法。我最终成功得到了这么一个位置，开始执行他们的一些理念。然后我发现，顶层管理者中的不少人憎恶这份咨询报告。”大概有12个月的时间，他在芝加哥工业圈的职业生涯看起来要到此为止了。当他听到传言说他可能会被转回原先的企业财务职位时，他开始在别的地方寻找新的工作。“然后高级管理层中发生了一些变化，突然之间我不再是个弃子了。甚至有人来问我，接下来我想做什么，于是我告诉他们我想掌管一个部门。可此时他们认为我还没有准备好。但 9 个月后，我获得了一次巨大的升迁，并开始执掌一份小一点但比较新的业务。”

1985—1989 年，兰德的部门规模增长了将近 70%。“那是一段令人赞叹的时光，因为芝加哥工业经历了那么多的变化。到后来，企业总部对我们而言，与其说是资产，还不如说是干扰。我们的竞争环境也更激烈了。但我们做了一些相对更有创意的事情，在一些案子中运气不错，成绩也不错。总的来说，对我而言，那是一段压力很大但非常有价值的经历。如果我早 20 年出生，我可能不会有机会这么年轻就拿到部门总经理的职位，也不会在这个位置上获得这种一流的经历。我也不会获得并接受这个机会——成为我们其中一家越来越重要的经销商的总裁（见下文的具体履历）。在我父亲那一辈，在职业生涯的这个阶段，能爬到的最高的位置也可能不过就是像芝加哥工业这么个地方的财务副总裁，而不是一家小公司的首席执行官。”

这样的模式在哈佛商学院 1974 届毕业生的经历中随处可见。一个更加动荡的商业环境给所有人的职业生涯造成了挑战，但也创造了机会，改变了你所能获得的奖励，也改变了谁能快人一步的可能性。像迈克尔·兰德这样的人，找到了在职业道路中将这些变化为自己所用的方法，因此他们的职业道路和老一辈的那些成功职业经理人相比，往往不尽相同。

迈克尔·兰德

职业经历

PRX 服务　明尼苏达州，明尼阿波利斯（1990—1993 年）

◎总裁兼首席运营官

芝加哥工业　伊利诺伊州，芝加哥（1975—1989 年）

◎ 常务总经理，LDX 部门（1985—1989 年）

◎ 行政副总裁，菲洛部门（1980—1984 年）

◎ 分销总监，菲洛部门（1978—1979 年）

◎ 企业财务职员（1975—1977 年）

普华永道　俄亥俄州，克利夫兰（1970—1972 年）

◎ 会计

教育经历

哈佛商学院　剑桥镇（1974 年）

凯斯西储大学　俄亥俄州，克利夫兰

会计理学学士学位（1970 年），校保龄球队队员，“社区行动”项目主负责人

个人经历

婚姻状态：1977 年与露易丝 · 沃尔科特结婚，育有三子

语录

“抚养一个有严重学习障碍的孩子有时候是让人十分恼火的，但也教会了我很多关于世界和我自己的事情，也让我和我的家庭更亲近了。”（1984 年）

*

当哈罗德 · 阿特金斯（Harold Atkins）在 1976 年加入一家投资银行的时候，他从来没有认真考虑过在他们的债券交易部门供职。债券很乏味，同时，债券交易员比他们大多数的同事挣得都少。但在 1979 年 10 月 5 日，美联储主席保罗 · 沃尔克（Paul Volcker）宣布政策改变，允许利率波动幅度加大。从某种程度上说，他拿掉了在 20 世纪 30 年代、40 年代、50 年代、60 年代，直到 70 年代早期，为那些巨大的监管机器所打造的引擎。这项举措所带来的其中一项结果是，债券价格（与利率紧密联系）开始有了激烈的波动。当债券价格的变化放慢时，你很难在债券市场发大财。当其变化迅速时，你可以赚上一大笔钱，也可能亏上一大笔钱。而每一个擅长债券交易的人，都能要求更高的工资。

债券交易员的工资上涨还有一个原因。当美国失去了全世界

的经济统治地位，还不得不与全世界一些强劲的参与者竞争时，企业、政府和个人的借款开始像火箭一样一飞冲天。美国的总债务从1977年的3 230亿美元，上升到了1985年的7万亿美元。由于盈利能力下降①，企业借了大量债务帮助自身实现架构重组以提升竞争力，同时在一些情况下，让他们变成不那么吸引人的收购标的。个人的债务增加是因为他们在收入无法继续匹配预期的情况下，还在继续消费。由于政府收入、企业和个人的收入密切相关，政府债务也增加了——为了要支付持续上涨的账单，这些开支部分则来自和苏联激化了的军事竞赛。不少企业、个人和政府的债务是债券形式。相应地，1975年每周处理500万美元债券的交易员，在1985年每天可能实际上需要处理3亿美元的债券。[18]由于他们的收入一般都和交易规模挂钩，他们的工资也就随之涨了又涨②。哈罗德·阿特金斯在相对较早的时候发现了这个趋势，并以创业者的姿态转到债券行业发展，因此大赚了一笔。

弗雷迪·洛（Freddie Lowe）则经历了同一个现象的另一个版本。1974年的春天，他决定要进入小型、科技含量低的家族企业。这家公司是由他的祖父在美国大公司资本主义的第一阶段（1906

① 20世纪60年代中期，企业利润占到国民生产总值的11.7%（基于存货收益和损耗，以及对货币贬值进行了矫正）。到20世纪80年代晚期，可比较的对应数字为5.3%。[17]——作者注

② 股票交易员的收入也随着股票交易规模的扩大而上涨了。促使债券和股票交易规模增长的准确理由有所不同，但二者都与第三阶段刚开始时的经济环境有关。——作者注

年）创立的。在 1932 年、1933 年、1934 年经历了生意的低迷之后，这家企业在他父亲的领导下，其利润在第二阶段获得了缓慢但稳定的持续增长。洛认为，如果他加入这家公司，他将会获得和他父亲一样可观的收入。但他害怕自己可能会遇到无聊的工作，且可能会错过变得真正富有的机会，同时还要与他的父亲抗争以获得实权。洛的另外两个本科兄弟会的朋友在几年前就面临了类似的情况，他们也选择了家族企业的道路。在经过了良久考虑并仍有所保留的情况下，洛也选择了这条道路。这 3 个年轻人相信，他们将会是一辈子的伙伴和朋友，一起享受着以俱乐部会员身份为标志的有质量的生活。但事实并不尽如人意。

尽管原因不尽相同，在他们 3 个人的案例中，到 20 世纪 70 年代末期，他们各自所在的行业都变得更不稳定了。3 家企业各自选择了不同的应对方式。其中一家选择了和过去基本相同的运营方式。另外两家公司表现得较激进，他们出售了产品线，并购了新的业务。没有进行任何改变的那家公司，最终遇到了麻烦，并不得不被低价出售。其中一家试图改变的公司也遇到了麻烦，主要是因为错误的战略和过多的债务。第三家公司则发展得相当不错，在 10 年时间内，其每年的收入从 1 000 万美元增长到超过 1 亿美元。在强有力的领导者的带领下，这家公司利用信息技术提升了生产力，相应地降低了成本，并通过较低的价格大幅提升了他们的市场份额。最终，3 个年轻人中的一个在 1993 年的年收入达到 5 万美元，身家净值 20 万美元，且过得并不怎么开心。第二个年轻人的年收入为 9 万美元，资产有 65 万美元。第三个年轻人的年收入为 25 万美元，并且他在市值超过 1 亿美元的公司里享有股权。第三个年轻人热爱他的工作。以最客观的标准来看，第三个年轻人也可以说是为他所在的社区贡献良多[①]的一个，他就是洛。

*

正如近期经济形势对机遇的影响，它最终所产生的结果也可以从 3 个方面来看。首先，国际竞争的剧增——至少从现在来看——大大减缓了美国工资上涨的速度。1974 年至今，许多职位的工资增长幅度并没有跟上通货膨胀的速度。其次，最高薪资与最低薪资之间的差距被拉大了。考虑到竞争激烈的程度增加，尤其是市场规模也加大了，这样的结果并不出人意料。最后，产生机遇的地方也发生了转移——远离大公司而转向小型创业企业，远离制造业而转向非制造业，远离职业管理者而转向创业者、有领导力的个人和交易撮合者一类的角色（见图 3.2）。

在第二阶段的经济环境下，和美国的大型上市制造企业相关的管理技能得到了巨大的回馈。在第三阶段，事实不尽如此。在第三阶段，竞争更激烈且变化更快的商业环境对官僚化且更关注

① 这个贡献表现为许多不同的形式，包括创造了大量新增职位，并为当地的慈善机构提供了大量捐赠。——作者注

内部的企业而言变得更为艰难①。大规模经济——许多大型企业在第一阶段和第二阶段主要使用的竞争策略——在生产力过剩且有大量小型企业因为技术发展而变得更高效的情况下（比如，微型处理器）②，不再那么奏效了。在一些大型商业中，庞大的规模会导致较小的企业极少有机会与规模经济策略竞争，因而这些较小的企业从传统上来说都被迫选择了高价值的道路。结果，较小的企业——通常是更灵活且更关注顾客需求的企业——要远胜于行业中的巨头。小型企业在过去的 20 年几乎贡献了美国所有的就业岗位增长。今天，相较于大型企业，它们也提供了更多机会，尤其是为那些有良好创业精神的领导者和八面玲珑的交易撮合者提供了更多机会。今天，最大的机会和最大的风险都不仅仅来自帮助小型企业运营，更来自拥有大量它们的股份。一条通用法则是，商业环境越开放，就会有越多的创业机会，而第三阶段远比第二阶段要更开放。一些统计数据也证明了这一点：1950 年美国有 9 300 家企业成立，而到 20 世纪 80 年代末期，这个数字增长到了每年 130 万家。[21]

---

① 比如，《财富》世界 500 强企业所雇用的美国就业人口数量从 1954 年的 14.6% 上升到 1974 年的 19.4%。自此以后，劳动力开始从这些大型工业企业向外流出。到 1992 年，仅有 10.9% 的就业人口在《财富》世界 500 强企业工作。[19]——作者注

② 正如罗伯特·赖克（Robert Reich）所指出的："能够存活且最终成功的企业，开始从大规模的企业变成了高价值的企业。"这项策略今天更为行之有效，"因为顾客更愿意为正好满足他们需求的商品和服务花费更高的价格，也因为高价值的业务很难轻易地被全球大量的竞争者所复制。"[20]——作者注

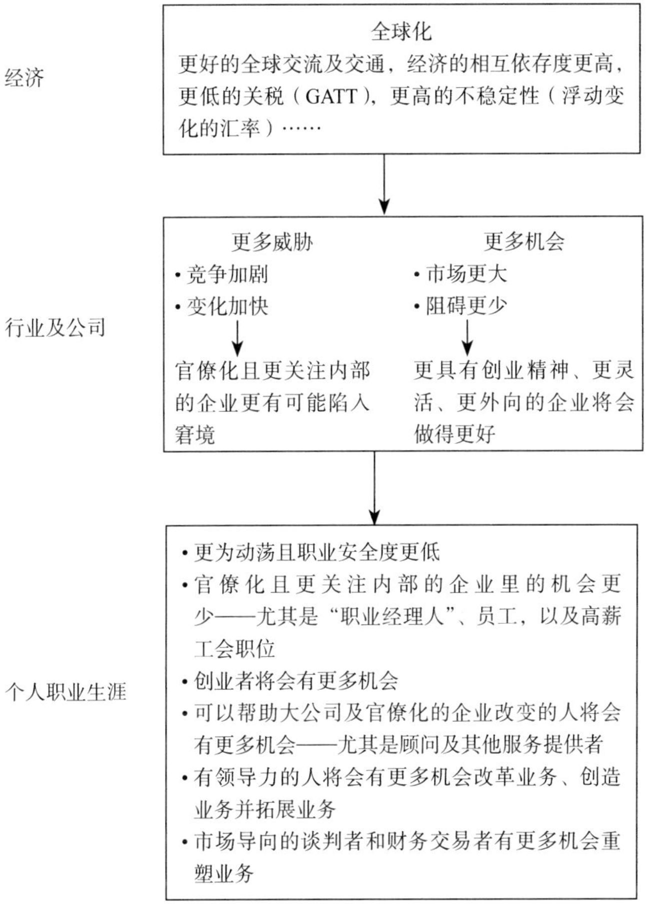

图 3.2　1973 年后的经济环境对行业、公司及职业生涯造成的影响

这些变化影响了每一个人：不仅仅是婴儿潮一代，也包括他们的父母。到目前为止，从这些变迁中受益的人并不多。有一些人甚至从这些变迁中遭受了巨大的损失。受到巨大损失的人常常恰好是在第二阶段中获得了最多好处的人——在大工业企业中，相对技能和受教育程度较低的个人①。一些年纪较大的、在制造业企业工作的工会工人受到的影响较为严重。在被裁员以后，年长的工会成员经常发现，他们并没有多少相关技能可以提供给雇主，而市场给他们所拥有的技能的定价一般都与他们先前的工资相去甚远。[25]就连这些大型企业中的非工会的中层领导者，有时候也发觉在被裁员以后，劳动力市场对他们所拥有的技能的开价并不高。甚至有一些失业的中层领导者不得不降薪10%~30%才能重新找到工作。

当然，并不是每一个人都会从这些变化中受损。在过去的15年间，百万富翁和亿万富翁的人数在快速增长，而且这种变化不仅仅发生在美国②。在一个有着更大和更开放市场的时代，有些人比他们的父母和祖父母明显找到了更多的经济机遇。他们当中的一些个人成功从这些机遇中获得了大量的财富。这群人中最为显眼的便要数娱乐明星和体育明星了。比尔·科斯比（Bill Cosby）和杰克·尼科尔森（Jack Nicholson）在过去的10年里，比20世纪40年代和50年代几十个电影明星加起来赚的钱还要多。美国职业橄榄球联盟成员的平均工资从1974年的年薪3.3万美元增长到1992年

① 美国大公司资本主义的第二阶段成功缩小了人们之间的收入差距。[22]随着第三阶段中竞争的加剧，也随着第二阶段中设立的许多监管机器失灵，穷人与富人、穷人和赤贫者、富人与巨富的人之间的差距再次扩大了。[23]然后，与20世纪初期一样，越来越多的人对这样的趋势和它可能带来的后果感到忧虑。[24]——作者注

② 根据《财富》杂志的报道，全球拥有10亿美元身家的富翁的数量在1987—1993年翻了一倍。——作者注

的将近 50 万美元。[26] 但从第二阶段的经济环境中成功变现的绝大多数人都是特定类型的律师①、医生②，以及占比最高的——商业人士。每个职业运动员每年能赚 20 万美元，同时还有成百上千的我们刚才所提到的那些类型的人也拥有同样的收入。

一个越来越兴盛的趋势是，拥有高收入的商业人士不再是那些没有接受过教育、在美国大公司资本主义第一阶段白手起家的人。他们也不是那些在 20 世纪 50 年代、60 年代、70 年代在车库里开办高科技企业的辍学的大学生。全球化将决策的复杂程度提高到了新的水平，而有能力应对这样复杂程度的人，似乎大多数是受过良好教育、毕业于顶尖院校的个人③。他们大多从芝加哥大学、斯坦福大学、宾夕法尼亚大学或麻省理工学院获得了学位，然后在小型咨询企业或财务服务公司，又或者地产公司，担任领导职位或负责促成交易。和一个职业的橄榄球四分卫相比，他们并不为人所知，但他们创造了令人震惊的财富④。同时，与那些体

① 在一个竞争变得更加激烈且更不稳定的世界里，法律变成了一门赚钱的生意。因此，美国执业律师的数量从 1971 年的 34.3 万增长到了 1989 年的将近 100 万。[27]——作者注

② 医生现在的收入是普通人的近 6 倍，而医学博士的收入增长量是医生行业平均值的两倍。[28]——作者注

③ 劳动力经济学家发现，整体来说，在过去 15 年中，大学毕业生相较于高中毕业生的收入剧增。[29] 目前在美国没有高中毕业证书的个人的年收入是 14 078 美元，高中毕业生是 19 567 美元，本科毕业生则是 32 728 美元，而拥有职业（或者研究生）学位的个人则是 65 648 美元。[30]——作者注

④ 1993 年的收入之王是乔治·索罗斯（George Soros）——一个华尔街交易员，其收入为 6.5 亿美元。[31]——作者注

育运动员不同，他们积累财富的职业生涯可以长达四五十年，而不仅仅是短短的 10 年。

对于目前的新经济模式，一个受欢迎的解释是，它是以罗纳德·里根（Ronald Reagan）为中心的，但这个观点和事实并不相符[①]。持续增长的收入差距自里根时代之前就开始了。1973 年是这个趋势和其他一些新的形式开始的时间点[②]。同时，还有证据显示，这样的现象并不仅仅发生在美国[③]。这是一个全球性的模式，同时对所有人都有着重要的寓意。从整体来看，1973 年后的经济变迁是非常复杂的。但是这个现象的核心发生的变化其实非常简单明了。

想象一下，一个打扑克牌的玩家，每周四晚上和他的另外 5 个朋友相聚在一起。他们 6 个人一起打扑克牌有很长一段时间了，这个游戏对他们来说是竞争，同时也是一项社交活动。假设并没

---

① 我这里提到的“受欢迎的”指的是大众传媒（报纸、电视）所传播的看法。里根政府显然采取了一些创造出了第三阶段经济环境的举措，也就相应地带来了这个阶段所有正面和负面的结果。但是这个政府并没有创造第三经济阶段。第三经济阶段早在里根政府之前就渐渐浮现了。——作者注

② 最高的 0.5% 的纳税者的集体毛收入连续多年下降，直到 1973 年触底。[32] 1973 年油价起飞，从每桶 3 美元上升到了 1986 年的 13 美元。[33] 几十年来，美元兑日元都是 1 美元比 360 日元，1971 年美元兑日元的金额开始下降，到了 1987 年，1 美元仅能兑 130 日元了。[34]——作者注

③ 在过去的 20 年间，亿万富翁的数量增长明显是一个全球化的趋势。仅在过去的 4 年间，苏联及东欧国家的贫富差距开始爆炸性增长。欧洲创业研究基金的调查显示，从 1989 年 12 月到 1992 年 4 月，这个区域的创业者增长了 10 倍，他们当中最成功的个人获得了相当可观的收入。[35]——作者注

有谁输了或赢了大量的资金，一些正式或非正式的规则就会开始演变。每次加注的金额限制在25美分，每轮只允许加注3次，只允许有两三种相对比较简单的扑克牌玩法。如果有人开始赢得太多，他就会开始玩得松一点。如果有人开始输得太多，其他人就会找机会，让他赢一次。玩法的复杂程度并没有那么高，同时大家也不倾向于让它变得更复杂。但这样的安排会让所有人都乐于参与。

那么现在，加入以下的变化：3个新来的玩家加入了这个周四晚上的游戏，他们当中的每一个人都有非常不一样的扑克牌“生涯”。新来者成功地将之前的常规玩家带入了他们的玩法中——不再仅有3种打法，而是由庄家来选择玩法；同时，加注没有了上限，也没有了约束竞争的非正式规则。5个小时以后，结果可想而知——牌局的质量和复杂度远胜于寻常，而参与者则会遇到更多的机遇与更多的风险。凌晨1点，赢得最多的人和输得最多的人之间的差距远大于以往的情况。另外，平时赢得最多的人不再位于榜首了，因为只玩两三种玩法的牌局所需要的技能和玩更复杂的庄家做主的玩法所需要的技能是完全不一样的。

在很大的程度上，同样的变化也发生在整体经济中，也发生在工作环境里。作为全球化和其他变化力量的结果，新的竞争者进入了许多产业，市场规模扩大了，同时，许多限制市场竞争的规则都被消解了。这些规则中，部分是正式的，比如政府规定、劳动协议、企业官僚化的政策。但也有许多规则是非正式的，比如“你不攻击我，我就不攻击你”，或者是在过去的经典寡头经济中演变出来的“让我们都用这个价格卖货”的模式。竞争壁垒减少，增加了企业间的争斗，增加了不确定性，提高了变化的速度，为生产者带来了更多的风险和机遇，也为消费者提供了更多高质量或是低价格的产品和服务。同时，正如身处我们先前假设的那个扑克牌局中一样，在这样的局面下，成功的策略和职业路径也在种种非常重要的方面发生了变化。在这个世纪中奏效的策略——尤其是在大型官僚化的职业管理中——已经不那么有可能带来成功了。在1973年后的经济环境中，对杰里米·金和许多像他一样的人来说，在20世纪的眼光中看起来离经叛道的方式反而能制胜。

新规则2

全球化的市场和竞争正在创造翻天覆地的变化。新规则是：想要成功，你必须从变化更快、竞争更激烈的商业环境中找到变现的方法，同时还要规避这样的商业环境中固有的种种风险。

2 新回应

第 4 章

新规则 3：创业者的机会

人们早在几个世纪以前，就在小型企业和创业中发现了机会，而第三阶段的经济环境在近些年又为这些冒险的小型企业增添了吸引力。这样的吸引力部分是由于大型成熟企业的魅力下降了；部分是因为小型企业在一个变化更加迅速的商业环境中有比较优势；还有一部分则是因为在这么一个有着临摹机器、移动电话、并不昂贵的复印机和个人电脑的时代，创建企业的便利程度提升了不少。不过由于种种原因，即使今天你找上一群成功人士，你可能还是会为其中有不少人是在小企业中抓住初始机遇而感到惊讶。

*

1974 届哈佛商学院 MBA 毕业生中几乎没有人是仅有为小企业服务的经历的。1964—1973 年，在他们当中，几乎所有人都至少有一次在中等或大型企业工作的经历。[1]就连他们在1974年毕业找工作的时候，都有36%的人去了大企业。但在1992年，在大企业中就业的人占比下降到了23%，而大约有62%的人在小公司工作。因为在小型企业中，制造企业的比例要低于在大型企业中的占比，这个就业占比的变迁与逃离制造业的浪潮直接相关。[2]一个简单的统计数字说明了一切：1992年，一个典型的1974届哈佛商学院MBA毕业生就职的企业会在全球雇用550人。而通常来说，这家公司“什么也不制造”。

在很大程度上，这个逃离大企业的无休止的运动是金字塔结构的组织和富有野心及竞争力的人相遇之后的自然结果。不是每一个人都会有晋升的机会，因此野心勃勃却没能得到晋升的人就会被激励去尝试“宁做鸡头，不做凤尾”。这适用于我们的115位MBA毕业生，也适用于大多数曾在顶尖院校的项目中受过教育的人——无论是在商业、法律、医药还是建筑领域。要想进入这些顶尖院校的优质项目，一个人需要达到很高的标准并拥有很强的求胜心。1974年申请学校的竞争已经比1949年要激烈了，而今天的情况又比1974年更激烈。在20世纪40年代，每两个申请者中就有一个人能进入哈佛商学院。1974年，每三个人中有一个人可以被录取。今天，录取率已经是六选一了。好不容易成功克服了所有困难进入这些教育项目中的人是不会安心地停留在社会的中间阶层的。

1974届哈佛商学院MBA毕业生所遇到的种种大企业的本质

则使这个普遍的问题变得更严重了。这些企业不仅仅规模庞大，其管理通常还十分官僚化、中心化、政治化。

另一些统计数据在这里也有借鉴意义。1955年，全球营收前100的工业企业中，有75个是明显的“美国”机构。[3]到1992年，前100的名单中只剩下30家美国企业。[4]1970年，全球最大的10家银行有6家在美国。[5]1992年，全球规模最大的10家银行没有一家是美国银行，最大的美国银行在全球排名仅为第25名。[6]总体来说，过去的20年间，美国的大型企业日子并不好过，尤其是与20世纪40年代、50年代和60年代的日子相比。显然，大多数企业并没有破产，其中一些企业的业绩还非常好。但在一个竞争更为激烈的全球商业环境中，许多公司发现他们人员冗余，过度关注企业内部，办公室政治严重，官僚化严重，多少有点自大，缺少有效的领导力，等等。这些问题在一定程度上都是企业规模太大所导致的。但这些困难实际上也是多年在缺乏竞争的环境下轻易获得成功的恶果。正如詹姆斯·赫斯克特（James Heskett）和我在《企业文化与绩效》中所记述的那样，在行业统治地位上停留太久，一家公司就很容易产生倦怠、目光短浅和惧怕风险的企业文化。[7]只要市场竞争很弱，或是市场被少数企业所垄断——就像美国经济在第二经济阶段中那样，大公司无论有什么缺陷，都能因为他们本身巨大的优势而成功——大量的资金和人力资源、强有力的品牌忠诚度、成千上万的专利等。只有到第三阶段，大公司的缺陷才会带来明显的损害。然后，仅关注内部和官僚化的企业文化不仅仅会在短期内降低企业的利润率，还会阻碍企业采取能让其长期提高竞争力的种种措施。[8]

当哈佛商学院1974届MBA毕业生在1965年首次通过暑期工作或1968年首次通过全职工作接触到大公司时，他们当中的很多人并不喜欢他们所遇到的情况。官僚主义为他们的工作设下了严重的限制。在他们看来，办公室政治所创造的内部就业市场和升迁秩序，与其说是精英治理方式，不如说是老哥们儿之间的帮带关系。那些在1974年接受了大公司职位的毕业生忍耐了这些问题一段时间，但最终他们当中的许多人选择了放弃，并转移到了小型企业。

莉萨·马丁（Lisa Martin）1974年离开学校的时候，她选择了到IBM做销售工作。而我们在1992年问她对这段经历怎么看的时候，她很直白："我非常厌恶这段经历。从某种意义上讲，我是一个方枘，而他们只想要圆凿①。有段时间，我在公司的培训学校里，他们把我拉到一旁，然后告诉我，如果我不能按他们的要求来的话，他们就会把我用飞机送回家。他们希望我改变对死记硬背和推销话术的态度。现在回想起来，我其实还挺佩服IBM的，因为他们有能力招募这么多人，并将他们培养成非常好的销售人员。但他们确实不知道要拿那些可以在几天内学完整本操作手册的人怎么办。我们需要学习所有的操作手册和所有的产品功能。这一般要花上好几天的时间。但实际上这花了多长时间呢？我们是一

① 来自"A square peg in a round hole."即一个方枘在一个圆凿里，意指格格不入。——译者注

群刚刚从学校里毕业的人，早就习惯了吸收这样的信息。不仅我是这样的，每个人都是样。我们就这样过去了，然后开始整天整天地看电视，我们什么都没做。他们给我们安排了 6 周时间，就学两本操作手册。而这根本要不了 6 周时间。这对我来说真的很崩溃，因为我无法忍受无事可做的状态。”不出意料，莉萨后来离开了 IBM，并在 1977 年创立了她自己的企业（见下文的履历）。尽管她也遇到了小企业中常见的种种问题和头疼的事，她仍然选择了做一个创业者。

莉萨 · 马丁

职业经历

床单及床上用品有限公司　纽约州，奥尔巴尼（1977—1993 年）

◎ 总裁和企业主。从婴儿床上用品开始切入这项事业。1980 年，收购了竞争对手，并将业务规模扩大了一倍。1985 年，将企业的方向从零售转换成了批发。1986 年，将企业的业务增加了 3 倍。1987 年销售额提升了一倍

欣克尔 · 乔登百货商店　加利福尼亚州，洛杉矶

◎ 采购助理：为西海岸店铺制订计划并协调女性服装的采购

IBM　纽约州

◎ 销售代表。通过预约和陌生拜访，与潜在客户见面。解决客户的问题。准备信件、提案及销售展示文件

奥尔丁研究　伊利诺伊州，芝加哥

◎ 财务主管。负责短期和长期的财务计划、会计支出、预算审计以及调度（1972 年）

◎ 办公室经理。协调办公室员工，负责招聘和解聘。构建了办公室的会计系统（1971 年）

◎ 秘书。日常办公室业务（1970 年）

教育经历

哈佛商学院　马萨诸塞州，波士顿

获得 MBA 学位（1974 年）

伊利诺伊大学　伊利诺伊州，厄巴纳

获得社会学及教育学学士学位，杰出毕业生（1970 年），厄巴纳租客联会及宿舍管理委员会成员

个人经历

背景：1948 年出生，在伊利诺伊州长大，是家里 4 个孩子中最年长的，父亲是一名建筑承包商，母亲是室内设计师

婚姻状态：1979 年与杰克·吉尔福德（一个股票经纪人）结婚，有 3 个孩子

语录

“陷入你该做什么而不是你想做什么的模式，简直太容易了。”（1975 年）

有的人可能会认为莉萨的上述评价显得她自负且以自我为中心而因此不太喜欢她。但对莉萨这一辈人，尤其是其中受过良好教育的人而言，大多数人会对她的情况持同情态度，并产生共鸣[①]。IBM 和与它类似的企业从形象上来说太具有壁垒森严的色彩了。或者说情况可能更糟糕，许多大公司看起来就和华盛顿当局一般的大政府一模一样。

*

帕特·海斯（Pat Hayes）曾经试图在这种企业里发起变革[②]。海

① 今天的美国民众整体而言并不怎么青睐大公司。在盖洛普公司 1988 年的一项民意调查中，大公司在人们对不同的 10 种机构的信心排名中，名次垫底。而我们的这 115 个参与者对大公司的态度比普通人更具批判性，且他们能为自己的批评态度给出更具体的理由。——作者注

② 我认为海斯的故事尤其有趣，因为如果有人于 1973 年在当时的教职工中做一次民意调查，了解他们想培养什么样的学生的话，那帕特·海斯应当获得非常高的分数。——作者注

斯是一个被同学们形容为一丝不苟且有点理想主义的人。他从哈佛大学毕业以后，加入了一家大型制造业企业，他追求的职业理想是希望能帮大公司变得更加有创造力。今天，他却掌管了一家小型的非制造业企业。

海斯于 1946 年 11 月出生在俄亥俄州的哥伦布市附近。当他才一岁大的时候，他的父亲拿到了一个 MBA 学位，随后开始攻读工商管理专业的博士学位。但他的父亲海斯先生并没能完成博士毕业论文，反而是在帕特童年的大段时间里，不得不从一个州搬到另一个州去找工作。家中不佳的财务状况永远是帕特的痛点，因此他从非常年轻的时候就开始工作了。在他的中学时期，经济问题尤其紧张。“我们住在比以往所有的住所都小的房子里。”他回忆道，“而且我记得，我不得不在浴室里面写作业，用马桶当座椅，然后用洗衣篮当书桌。”到他上高中的时候，他每周已经要在本地的本 · 富兰克林廉价商品店工作 30 个小时了，而且他记得，“最终我把大多数挣来的钱都给了我的母亲”。

帕特高中毕业以后，他的双亲都在洛杉矶获得了教职。由于经济条件欠佳，帕特满腹积怨地跟着他的父母到了洛杉矶，并在加利福尼亚大学洛杉矶分校（UCLA）开始学习。除了进入新生队伍并赢下了太平洋 8 校联盟（Pac 8）的冠军（在他高中时期从来没有参加过任何运动队的情况下），帕特还因为席卷了整个校园的社会运动而对社会的看法产生了哲学层面的转变。“我过去对成绩和学历的看法在‘活在当下’、过好现在每一天的火焰下消散了，完完全全消散了。陀思妥耶夫斯基和加缪在当时有非常强大的影响力。”帕特这段时间的学术表现比较糟糕。“我的成绩要么是 A，要么就是 F。我记得在一门课的期末考试中，我因为对它过度简单化的‘跟着我，重复我做的’考试形式感到愤怒，我直接交了白卷，以示抗议。那个教授给了我一个‘未完成’，最后被转换成了一个 F。如果我喜欢一门课，我会表现得很好；如果我对它不感兴趣，我就会拖延。我当时就是认为，没有有任何一个理由能说服我经历那些脑力上的磨难，只为换取一个分数。言论自由运动（以及后续的反战思潮）完全俘获了我，因此我开始参加游行和示威，去把警察射出来的那些催泪弹统统给他们扔回去。”

经过了许多考验和苦难——包括休学一年，以及被列入学术观察期，帕特最终获得了一个经济学的学位（而且最后两年都获得了 3.9 的绩点）。但直到今天，他也从来没有放弃他对“上学就是为了成绩”这种想法的反抗。“当时实际发生的是，我开始对彻底理解课程材料产生了兴趣，而成绩也就自然而然地变好了。”

毕业后的 3 年时间，他接连在联邦政府和一家私营的自然资源企业担任管理职务。在这个过程中，他对生产线管理产生了浓厚的兴趣。“我大概是在哈佛商学院的课程开始前一年左右才开始考虑上商学院的。”他在 1974 年写道，“在那之前，我的选择似乎该在法律、经济、政治或外交之中。不过我从自身经历中发现，对我而言，习得必要的功能性技巧并非难事，但真正能将我的表现和其他人区别开来的是组织、计划、统筹，以及认识到大局和整体任务，并将不同的输入部分整合到一起的能力。当时，商学院则是打磨这些能力最好的地方。”

在哈佛商学院，他对生产及运营管理（POM）的必修课程而着迷，并随后在一家大型制造业企业找了一份暑期实习。然后他在第二年找工作的时候，几乎完全就将他的注意力放在大型美国制造业企业中，想寻找生产线管理相关的岗位。1974 年 4 月，他接受了一个职位，要和一个大企业的一支精选团队一起开创一个新的具有创造性的分公司。这家企业的 CEO 希望新的机构可以解决当时被称为“蓝领之痛”的问题，并改进企业的生产力和生产质量。[9]

从 1974 年夏天开始，帕特·海斯成为这个新公司的参与者，帮助雇用了更多的劳动力，并建立了第一条产品线。但从 1975 年 1 月的信件中，他已经开始展现出了幻灭的信号。“制造企业中太多人对于建设一个世界级的工厂毫无兴趣。他们似乎已经被说服了，认为过去的方式就挺好。”海斯试图通过努力工作来解决抵触情绪。每个星期工作 70 个小时十分正常。但在 1976 年的春天，他意识到，既然他在他们创新型的工厂里工作都已经感到非常困难了，回到上级企业更传统的制造业务中工作只会更糟糕。“两年之后，我清楚地意识到，离开自己工厂的独特、实验性的环境后，我接下来会进入一个对我这样的人来说毫无兴趣或热情可言的环境中。因为有好的产品设计和服务，这家创新工厂学会了如何成为一个世界级的制造厂商。但大多数人对于进一步改进这个情况毫无兴趣。我的努力付出似乎并没有得到多少认可和支持。当时的处境令我意志消沉。”

1976 年 2 月，海斯离开了这里，但并没有放弃大公司环境。相反，他加入了一家更大的制造业企业。带着更多的工作，以及或多或少更加熟练了的办公室政治能力，这一次，海斯扶摇直上。在接下来超过 4 年的时间里，海斯承担了越来越多的职责，最终成了整个企业中负责大型工厂的人中最年轻的经理。“我们在劳工关系、项目管理、合同工关系、成本管理、少数族裔雇用、安全等方面引入了新的项目。我还竭尽所能地尝试提升我的管理团队的能力。”到了 1981 年，他雇用了另外 16 个 MBA 毕业生。

在同一时期内，和杰里米 · 金的情况类似，海斯参与了不少公司之外的投资项目。他和另外一群人一起买下了一个餐厅、一个加油站，以及一些地产项目。和金的情况不同，海斯从来没有在他的回复中透露过他想要离开大公司。相反，在 1981 年 1 月，他表示他在考虑有朝一日成为大公司的总裁。

1981 年和 1982 年对海斯来说都是不太容易的年份。因为前面的成功经历，他认为他和 CEO 就内部创业的态度达成了一致，因此他持续将公司朝着这个方向推进。但后来他有了一个更保守的新领导，因此他的提案和领导的想法之间产生了一系列越来越复杂的矛盾。他试图在企业总部寻求支持，但发现几乎没有人愿意卷入这些争端。“一个又一个的新提案被打回了。到 1982 年 11 月，我意识到，当时的环境已经让我无法忍受了。”因此在当年的

12 月，他选择降薪 20%，到他所在州的州长内阁担任了一个重要职务。

海斯在公共领域工作了大概两年时间。他觉得这段经历既让人兴奋，又有显著的产出，但最终，政治让这份工作变得像大公司生活一样让人崩溃。1984 年年末，他接受了一份在一家非常小的非制造业企业担任总裁和 CEO 的工作（见下文的工作履历）。1994 年，海斯则作为总裁及企业主在一家相关产业的企业中继续工作。

帕特·海斯

职业经历

P. 海斯投资　俄勒冈州，波特兰（1991—1993 年）

◎ 总裁及企业主

廷波沃尔夫地产　俄勒冈州，波特兰附近（1984—1990 年）

◎ 主席兼 CEO

俄勒冈州政府（1983—1984 年）

◎ 交通及公共设施部门部长

拉德克利夫工业集团　密歇根及伊利诺伊州（1976—1982 年）

◎ 工厂总经理（1980—1982 年）

◎ 高级工程师（1978—1980 年）

◎ 行政主管（1976—1978 年）

密歇根引擎零件　密歇根州，弗林特（1974—1975 年）

◎ 第一生产线主管

加利福尼亚州政府，林业部（1969—1972 年）

教育经历

哈佛商学院（1972—1974 年）

MBA

加利福尼亚州立大学洛杉矶分校（1965—1969 年）

经济学学士学位

个人经历

背景：1946 年出生，随后在加利福尼亚州、得克萨斯州及俄亥俄州成长。家里 4 个孩子中的长子。父亲是教授，母亲是老师

婚姻状态：从来没有结婚，有一个孩子

兴趣：跨国滑雪、长距离跑步、滑翔伞、徒步登山、骑马、股市预测

语录

“我无法认可自大却无能的人，同时对甘于平庸的人无法产生同情。有拼搏精神的人能够赢得我的尊重，即便是他们所做的事情与我的利益相矛盾。”（1974 年）

在过去的 10 年中，海斯了解到，在一家小型创业企业中工作和在一家大公司工作是截然不同的，而在小公司的这些不同并不总是优于大公司生活的。不充裕的资金和人力资源让他有时候工作得非常辛苦。“不止一次，我感觉像是狼就在门口了，然后要把我们当午餐一样生吞活剥了。”尽管如此，他从没有认真考虑过回大公司——至少在生活中的这个节点上。他对于自己的境况感到非常满意，同时，他的成功也慢慢地表现得越来越明显。到 1993 年，他的个人资产净值已经达到了 300 万美元。

在 1987 年 12 月 15 日，帕特·海斯给《财富》杂志的编辑写了一封信，回应他们 11 月 9 日报道哈佛商学院的封面故事。他说他认同这个故事中的许多观察：哈佛商学院的 MBA 毕业生越来越远离制造业大公司的高管生涯了，而这个趋势让人感到不安。但他也表示，他不同意《财富》杂志在因果关系上的结论。“简单来说，环境——而不是薪水——才是那个今天让在大工业企业追寻管理生涯的人最感到沮丧的因素。办公室政治和官僚主义让人感到窒息，尤其是对从顶尖商学院出来的高素质和高潜力的毕业生而言，更是如此。这样的看法传播得很快。当你同时拥有两个选择，一个是在糟糕的环境中频频碰壁，一个是在华尔街、波士顿咨询和麦肯锡这样的地方受到对有才能的人的鼓励、培养、保护和清晰引导，工资薪酬上的优胜就只不过是锦上添花而已。”

帕特·海斯意识到，小公司的环境更符合他的喜好。在这个方面，他的经历在整个1974届哈佛商学院MBA中都很有代表性。

*

帕特·海斯、莉萨·马丁及其他人都发现，小公司在更开阔、更有影响力且因此更令人满意的工作环境上，提供了更多的机会（见图4.1）。1985年，我就理查德·哈克曼（Richard Hackman）所发现的一系列可能让个人生活满意度更高的问题，调研了115个MBA项目参与者。[10] 平均来看，他们给小公司内的职位打出了更高的分数。人们通常认为这些工作能给予员工更多的反馈、更多的自治权、更能让人看到工作从开始到结束的进程，以及有更多机会体现个人的判断力。[11] 同样地，当被问到工作中的问题的时候，在小公司中的人给出的反馈较少影响到他们对工作的满意度（见图4.2）。在大公司里的人，更可能抱怨没有什么权力，有太多模棱两可的事情，有太多自相矛盾的要求，以及个人影响力太小。

菲尔·卡德尔（Phil Cadel）就是一个典型案例。他在一家大型美国企业工作了12年，然后跳槽到了规模较小的企业。在1992年的访谈中，他这么形容他的处境：“在我之前的雇主那儿，最高管理层经常告诉我说，我可以在我的责任范围内干任何我想干的事情，但这并不是真的。在这儿（小企业），这才成为现实。我感觉我对公司产生了巨大的影响——这里的每个人都做到了，并不仅局限于我。我终于能够应用一些我一直认同的理论，过去我从来没有机会去做这样的尝试。第一年我刚来的时候，我们在亏损。第二年我们的收支就打平了。再往后一年，我们赚得比其他人认为的多得多。到去年，我们已经赚了那时候的 3 倍了。当然，我并不认为事情总会发展得这么好。实际上，今年我们有可能会回到两年前的收入水平，不过那也是不错的一年。相对于我们的投资来说，已经有充分的回报了。而且对过去发生的事情，我感到愉快且自豪。”

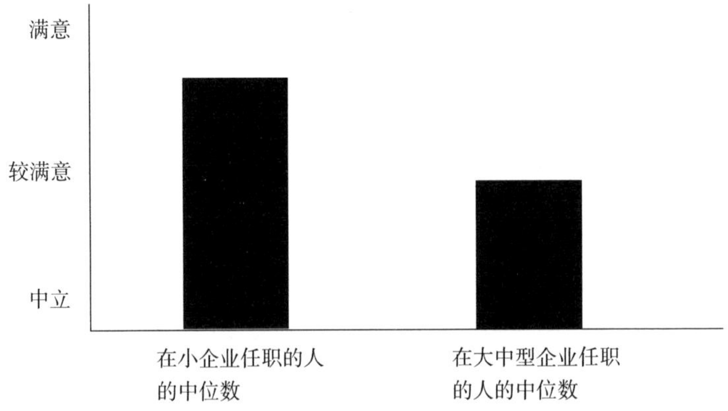

图 4.1　115 名哈佛商学院 1974 届 MBA 毕业生对小企业和大中型企业的整体满意度

基于 1990 年和 1991 年调研过的 24 个问题。

“更让人激动的是，我们的经理们终于到了一个他们可以热爱自己正在做的事情，可以感觉到自己拥有自主权，以及拥有能够带来改变的能力的地方。他们向我们汇报结果，而不是问我们每一件事情的解决方案是什么。他们在提升生产力、质量和通过培训提升人力资源的方面，都有了长足的进步。”

“这儿真的是一个工作起来很开心的地方。”卡德尔说这句话的时候，带着在今天看来不怎么常见的热情。然而实际上，他这样的评价，在 1974 届哈佛商学院 MBA 中并不罕见。“起床上班对我来说从来都不是一件痛苦的事情，但过去我从来没有过这种满足感。我感觉我来这儿之后的 6 年中所获得的成长是我之前 12 年中的二三十倍。”

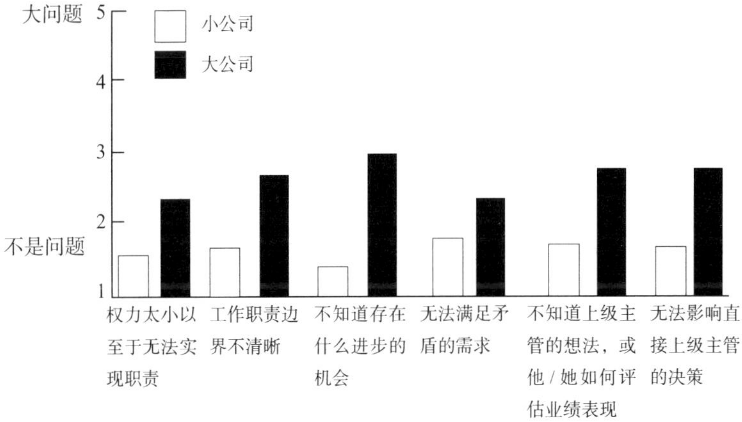

图 4.2　1974 届哈佛商学院 MBA 毕业生在大公司和小公司职位中所面临的问题对比 *

* 数据基于 1984 年受访者自行提交的问卷答案。除“无法满足矛盾的需求”之外的所有数据都存在显著统计差异（$p<0.05$）。

在较小的企业中，尤其是在创业环境下，MBA 毕业生们还发现在收入上也表现出了更大的潜力。和在大企业相反，经济上的可能性和他们能否让企业运营得更好的能力紧密相连。这一切并不能保证高收入[①]。实际差异是，在较小型的企业中——尤其是对创业公司来说，机会的结构和在真实市场中的更类似。如果顾客喜欢他们的产品或服务，他们可以真正赚到他们在大公司里不可能赚到的钱。[②]

创业在美国人的心中总有着特殊的地位。但每 10 个考虑过成为创业者的人中，只有不到 1 个人真正付诸行动并真的成功了。那么，我们可以从 1974 届 MBA 毕业生的经历中学到什么呢?

在我于 1973 年开始在哈佛商学院任教时，盛行一个建立企业的“机会窗口”理论。这个理论的核心是，大多数成功创业的哈佛商学院毕业生都是在他们毕业 5 周年聚会和毕业 10 周年聚会之间的时间开始创业的。在 5 周年聚会之前，他们还没有准备好，他们还没有拥有必要的经验、商业想法、财务支持等要素。而在 10 周年聚会之后，他们已经太过于习惯企业生活了，过于保守，已经过于抵触——无论多少——把他们所积累的财富拿出来冒险。

“1974 届哈佛商学院 MBA 毕业生中的创业者情况”前几行展

① 1991 年，创业者中底部 1/4 群体的收入中位数是 10 万美元，收入最高的 1/4 的中位数是 80 万美元。——作者注

② 对于 1974 届的 MBA 毕业生，1992 年个人资产净值在 500 万美元的成员，90% 都是在小型企业中赚到这些资产的。——作者注

现了 1974 届哈佛商学院 MBA 毕业生实际上开始创业的时间。正如其中清晰展现的那样，“机会窗口”理论并不适用于 1974 届哈佛商学院的 MBA 毕业生。在他们 5 周年和 10 周年聚会之间，只有不到 25% 的创业者成功创办了公司。进一步可以看到的是，实际上没有哪个 5 年区间有超过 50% 的成功创业者。1985—1989 年开始创业的人最多，但这个比例也仅是 47.5%。这个时期也因为其非常强劲的经济环境而和其他时期有显著的区别。

当我们想到创业者的时候，大众的通常印象是史蒂夫·乔布斯、肯·奥尔森或者比尔·盖茨——也就是那些创造了被批量制造的产品的人。然而，1974 届哈佛商学院 MBA 毕业生中的创业者有 90% 都在制造业以外的行业。他们选择了进入门槛更低，同时机会更多的领域。

这些人是谁？非常明显，在很多维度上，他们和他们剩下的同学——那些在大公司里的同学，都非常相似。我测算了超过 200 个因素，最后发现大概只有不到 10 个因素看起来似乎是可以明显地将他们与其他人区分开来的。换言之，在大多数维度上，他们并没有什么特殊性。但他们确实比班上一般的学生更独立，也更勤奋。他们同时也对自治权有更高的需求，对安全感的需求则更低。

虽然我无法证明这个主张，但我认为在“1974 届哈佛商学院 MBA 毕业生中的创业者情况”底部所展现的模式也能将我们所观察的这届学生和更广泛的大众区别开来。这也可以帮忙解释，为什么这个班级里那么多人都成了成功的创业者。

*

一个你经常能听到的观点是：有才能的人会选择离开大公司，尤其是大的制造业企业，一般都是为了赚更多的钱。而这样的人才外流，会给大公司和所有依赖他们的地区带来冲击。一般来说，最受影响的都是有可能失业的低层级工人，以及那些和哈佛 MBA 不同、很难以同样的薪水找到新工作的人。这样的情况并不公平。

1974 届哈佛商学院 MBA 毕业生中的创业者情况

什么时候开始创业？1974 届毕业生中的创业者中，在以下时间创业的人数占比分别为：

1975	1976	1977	1978	1979	1980	1981	1982	1983
0%	9.5%	2.5%	0%	8%	2.5%	9.5%	0%	5%

1984	1985	1986	1987	1988	1989	1990	1991
8%	14%	9.5%	9.5%	5%	9.5%	0%	8%

选择了什么样的领域？对 1974 届毕业生中的创业者，最明显的模式是：

制造业 10%　非制造业 90%

谁应该成为一个创业者？在 1974 届毕业生中，创业者和非创业者的相似点多于他们的差异。以下几点是最大的例外：

	创业者	非创业者
独立性 *	68%	49%
勤奋 **	80%	34%
需要自主权	90%	73%
需要安全感 **	2%	18%

* 基于 1973 年进行的大量心理学测试。

** 基于 1983 年的一份调查问卷。

毫无疑问，这个观点中有一部分是正确的，但正确的部分究竟占到了多少呢？1974 届哈佛商学院 MBA 毕业生中的大多数人如果不在大公司工作，对经济带来的影响真的是负面的吗？涌向小型企业的浪潮真的是贪婪的象征吗？基于至少 3 个原因，回答这些问题最好的答案，都并不是一个简单的“是”①。

第一，在对 115 位 MBA 毕业生的薪酬和职位的评估中，我们发现，与真实职责和权力相比，钱可能是人才涌向小公司的原因中的一个并没有那么重要的因素（见图 4.3）。平均起来，在小组织中任职的人确实赚得更多，但并没有多很多。[13] 最大的不同则在职位上。在小企业中任职的人中，拥有实权的人的比例是在大企业中的 3 倍。

第二，统计数据表明，在今天，大多数大企业中的管理者并

---

① 1974 届哈佛商学院 MBA 毕业生还提供了另外两个原因。第一，考虑到大公司的官僚化对人力资源多少存在一些浪费，MBA 毕业生们在大公司体制内的全职工作并不能保证他们能够有更多的产出。在许多大公司内有一个标准的笑话就是，没有人会听一个中层管理者的，除非他（她）离职，成为一个顾问，然后再把完完全全一样的建议以 4 倍的价格重新提给他（她）的前雇主。虽然这个笑话听起来有点愤世嫉俗，但这个幽默的尝试，多少还是体现了一些事实。第二，有一点在大公司中并不是很清晰：更关注内部的组织是否能和具有高竞争力的人才一起创造更多有用的成果。许多大公司——如果不是大多数的话——在 20 世纪 70 年代和 80 年代都更关注内部。（在今天看来更为令人惊奇的是，在 1982 年彼得斯和沃特曼就这一点发表著作以前，甚至都没有人意识到这一倾向。）[12] 当这样的企业雇用了 1974 届 MBA 毕业生这样的员工，竞争本能很容易变得内向化，在企业内造成办公室政治问题，并给这样的个人带来过分以职业为导向或过分激进的名声。在更关注外在市场的较小型企业中，同样的本能却可以带来为了击败竞争者而让客户感到满意的表现。——作者注

没有比小企业中的管理者为我们创造更多的就业岗位。相反，大多数大组织中的经理人在缩减就业岗位①，而小型企业则贡献了更多新职位②。更进一步来说，近期的研究发现，小型企业创造的就业岗位并不仅仅是薪酬较低的服务性岗位③。相较大企业，每个小企业的职员，或是小企业的每一份投资，还带来了更多的创新④。当然，从理论上来说，帕特·海斯和像他一样的人也可能在大公司作为管理人员拯救更多良好的就业岗位，或是带来更多创新。但显然，在现实中这并不常发生。

第三，尽管1974届哈佛商学院MBA毕业生大多不在大公司任职，他们当中的大部分人还是通过各种各样的方式在为帮助大公司变得更有竞争力而付出了努力。他们一般不是作为员工，而是作为顾问、供应商、经销商或金融家来实现这一点。由杰里米·金、帕特·海斯和凯文·约翰逊所领导的小企业都在为不同的企业——包括大公司——提供服务。是的，除了表面上所能看到

---

① 令人惊奇的是，《财富》世界500强企业从1973年到1991年减少了超过250万个职位。[14]——作者注

② 就在我写下这段手稿的1993年夏天，我对于接下来两年就业市场的预测是，所有的工作岗位的增长都会来自不超过1 000名雇员的企业。[15]——作者注

③ 戴维·伯奇（David Birch）指出，1987—1992年，大企业砍掉了2 236 000份年薪超过28 033美元的就业岗位，而小企业创造了2 296 000份较高薪酬的岗位。[16]——作者注

④ 我的同事杰弗里·提蒙斯（Jeffry Timmons）收集到的数据显示，每个小企业雇员带来的创新是大公司雇员的2.5倍，小企业的每份研发投入带来的回报是大公司的2倍，小企业聘请的每个科学家带来的创新也是大公司的2倍。——作者注

的，这些 MBA 毕业生实际上并没有抛弃大公司。他们当中的大多数人所抛弃的是复杂的管理层级，也就是大企业在过去近一个世纪中所采用的那套组织形式。这套组织形式正在快速地消失，因为它无法适用于第三经济阶段高竞争强度的环境。高命令和高控制力的管理层级已经开始被更灵活的组织结构所替代。正如我们接下来所能看到的，1974 届哈佛商学院 MBA 毕业生，以及其他许多和他们一样成功的个人，都大量参与了这样的改造。

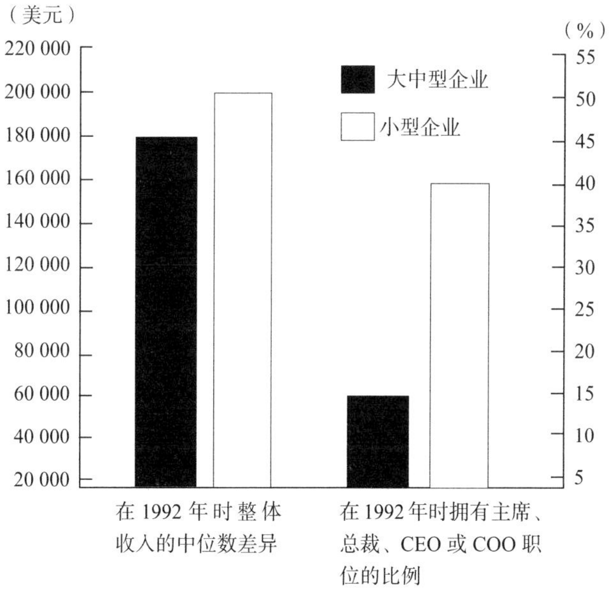

图 4.3　1974 届哈佛商学院 MBA 毕业生在小企业和大中型企业中收入和职位的差异

新规则 3

越来越多的成功将属于那些小型的、创业式的组织，而非大型的、官僚性质的组织。新规则是：相比起在大型传统企业中的人，那些创立和发展小型组织的人通常都获得了更高的职业满足感、更多的收入。

第 5 章

新规则 4：与合作方协同

他们的履历似乎表明，他们已经放弃了大企业，尤其是大型制造业企业。但我们对他们实际工作的评估展现了事情的另一面。1974 届哈佛商学院 MBA 毕业生中加入小企业的绝大多数人，也同样在参与大公司的业务。但他们并不是大公司的雇员，而是以供应商、经销商、银行家、房东、顾问等身份参与其中。同时，他们中的大多数人都认为，相比起在内部，他们在这些大企业的外部创造了更多的价值。

*

今天，在所有地方，大公司都在为了更好地参与竞争而经历重组。这一变化体现在多个方面。比如，用较短小的命令链条取代过去企业内繁复、官僚化的管理层级，让企业内部的链接变得较为松散，转而加强与外界供应商和经销商的联系。这通常被称为网络式组织结构①。这个新的结构更加灵活，更加具有创新性，也就相应地更具有竞争力。[2] 有时候，架构重组完全发生在企业的内部。大型的管理层级被打破，并拆分成小的业务单元，企业的员工被派遣到这些业务单元中，总部通过人数有限的群体监督新的公司，各种各样的官僚规定被废止，或被重新制定。基于大量各种各样的原因，这样的过程一般都需要借助外部力量，而重构后的新组织则会部分处于企业原先的边界之外。

哈佛商学院 1974 届 MBA 毕业生哈利·霍尔茨曼（Harry Holtzman）在 1992 年的一次访谈中，向我们描述了这种变化的一个典型案例。“这家公司在 20 世纪的前半叶表现不错，因为它拥有一位有远见的创始人，有不错的产品，有规模巨大且在增长中的美国市场，或许还有一点儿运气。但在第二次世界大战以后，这家企业扩张了，并随着收入的增加，发展出了相当乏味且有些自满的企业文化。1976 年，因为越来越激烈的国际竞争，这家公司的增长放缓了。管理层找了无数个理由来解释，为什么收入和利润的增长放缓不是他们的错，增长放缓实际上也不是太糟糕，等等。1981 年，一个颇有创业精神的部门经理尝试大刀阔斧地重构他所在的业务线，期望增强它的竞争力。显而易见，随后他遇到了来自各方的许多阻碍：企业员工、工会、他自己手下的经理们，以及他自己

① 新的结构形式被赋予了各种各样的名字。举例来说，汉迪将它们称为三叶草组织和联邦制组织。[1] 所有这些名称所指代的含义在一些方面具有共性：（1）他们更具有去中心化的特点；（2）阶层更低；（3）更关注外部市场；（4）跨企业边界的关系有时候比企业内的关系更强或更重要。——作者注

的老板。他的变革的失败以他的降职告终，也导致他最后离开了这家公司。这整个事件似乎对其他经理引发了寒蝉效应。到 1984 年，公司的财务状况太过糟糕，以至于公司里流传着谣言——一家小型商业银行准备提出未经请求的购买邀约，买下整个公司。公司管理层的应对策略包括，靠一家中型投资银行的协助卖掉了一项亏损的业务，然后又从两家小公司雇了一批顾问。我就是这么卷入这个案例的。”

“我的公司和另外一组顾问提出了很多改变的建议方案，但施行这些变化所要求的专业能力是这家公司所不具备的。因此他们聘用了五六家其他的顾问企业。作为主要裁员计划的一部分，相当于一部分工作被外包了，以降低公司的固定开支。比如说，企业声音 / 图像部门从 50 多人被裁到了 5 个人，然后公司招募了两家外部声音 / 图像供应商。同样的原因，这家企业停掉了上百个零部件制造的职位，然后构建了新的供应商网络。连它的部分销售团队都被裁掉了，取而代之的是基于经销商的新销售方案。为了将人员规模保持在最小值，相当数量的外部咨询公司和投资银行被邀请长期和这家企业合作，作为他们新业务思路的固定供应商。”这些企业帮助出售业务，收购新的业务。他们帮助企业再造过时的业务流程①。这些供应商中的一位 MBA 甚至接受了一个全职

① 从繁复的等级制度向更灵活的网络制度的变化过程，越来越多地是在“再造工程”的概念指导下完成的。[3]在 20 世纪 80 年代，大部分这样的工作是在“质量”的概念引导下完成的。——作者注

的职位，成为这家公司的副总裁。

“就像你所能想象的那样，整个过程对几乎所有人来说都充满了痛苦。可能丢掉工作的不确定性，以及艰难的战略选择，还有所有的权力斗争，都让人神经紧张。这听起来可能像马后炮，但说实话，我们看起来似乎是通过最曲折的道路到达我们今天所处的境地的。但我们今天（1992 年）的境地，相比过去 10 年已经有巨大的进步了。这家企业现在已经非常不同了。现在的它更精益化、扁平化，也不那么官僚化了。因为企业内部的联系变得松散了，而与外部的联系变得更紧密了，企业变得更加外向化。质量、产量和利润都上升了。”有批评者指出，员工人数大幅下降了，但员工的薪资及福利还是和以前一样。后者是正确的，前者却不尽然。企业内的员工人数确实大幅下降了，但企业外的员工人数实际上增长了。这家公司不再是一个巨大、僵化的金字塔组织（见图 5.1）。它现在是公司边界内部和外部大量更小、更扁平业务单元的联盟（见图 5.2）。以这种方式来看的话，总的员工人数实际上可能是增长了的。

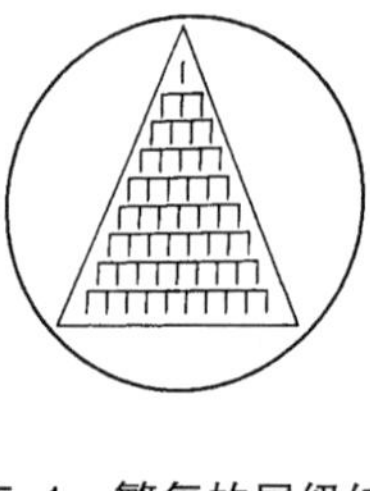

图 5.1　繁复的层级结构

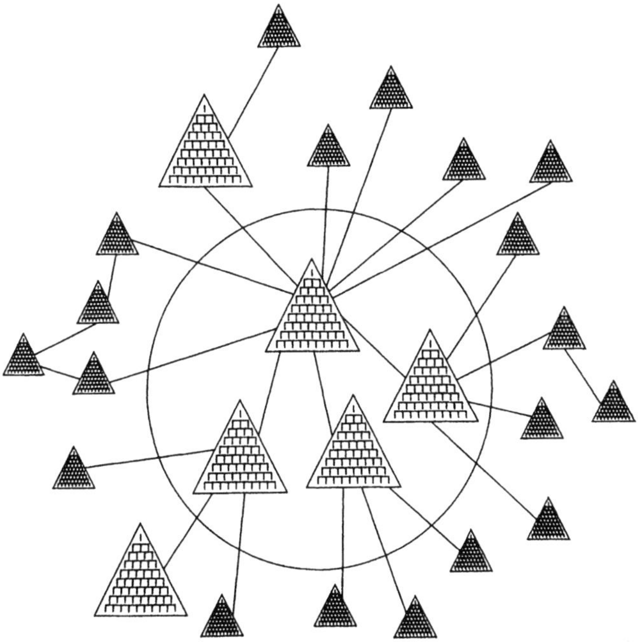

图 5.2　灵活的网络结构

很长一段时间以来，我们都被教育，企业应当被视为等级繁多、僵化、有大量全职员工的组织，但这样的结构让它难以消化今天正在发生的一切。[4] 有些作者会争辩说，等级最终会彻底消失。但这极其不可能。相反，金字塔仍旧会存在，但它们可以高效地执行重复的任务[①]。不过在竞争更激烈、变化更快的世界里，等级

① 20 世纪 30 年代的社会科学研究已经一而再地发现，在特定情况下，等级也可以非常有效率。层级在更常规和更重复的任务中运行得较好，但在较新或奇特的环境下运行得就没那么好了。——作者注

需要变得更简单，以及不那么固化。人们将会通过合同，以及多种多样的共识被连接在一起。过去关于企业边界在哪儿的传统认知也将会变得不那么相关①。这一切都是被第三经济阶段更灵活、在支出上更有竞争力和更有创意的竞争需求所驱动的。[6]

因此，这样的变化让很多人感到恐慌——繁复的等级消失了，和它一起消失的还有舒适的生活方式。他们通常没能看见的是，灵活的网络能够提供巨大的、有激励价值的和能赚钱的可能性——尤其是对创业者、领导者、财务交易撮合者和顾问们来说。

*

过去精英院校 MBA 的就职趋势从来没有像现如今向咨询行业转移的浪潮一样，引发这么多的讨论，或者说引发这么多的批判。到 1977 年为止，只有大概 15% 的哈佛毕业生选择在这个行业就职。到 1990 年，这个数字上涨到了 26%。[7] 由于咨询行业的入行工资比其他行业要高 15%~20%，批评者认为这些统计数字表明了一个令人忧虑的趋势：MBA 毕业生倾向于拒绝有难度但重要的工作，而选择赚快钱。基本上没有人否认这样的趋势，有些人也表达了早期咨询生涯并没有那么糟糕的观点，因为它能够帮助从

① 这个想法最极端的版本经常被用于和通用电气的首席执行官杰克·韦尔奇（Jack Welch）联系在一起，叫作“没有边界的企业”。在这里，信息和人轻易就能在职能、部门、国家甚至企业之间流动。[5]——作者注

业者偿还学生贷款，并最终帮助社会把毕业生输送到大客户公司的高层、全职职位上。虽然这些论点都有一定的正确性，但也都遗漏了不少关键点。尤其是这样的思路忽略了加入咨询公司的浪潮和企业架构从层级组织转换到网络结构的变化之间的关系。

1974 届哈佛商学院 MBA 毕业生在咨询公司任职的比例并没有随着时间的推移而下降，还略微上升了。1974 年的春天，这些毕业生中大约有 8.5% 的人接受了咨询公司的工作。1992 年，他们当中有 10% 的人在咨询公司工作。对这些人来说，钱无疑是重要的，但这并不是他们选择这样的职业路径的核心原因。尽管那些从哈佛商学院毕业就直接选择了咨询职业的人刚开始拥有相较于他们的同侪更优越的工资，到了 1992 年，这些顾问实际上比他们的同学赚的还要稍微少一点。①

那么为什么在今天，每 10 个人中就有一个人在咨询行业？部分是因为这个领域被视为提供了一条不用通过在官僚化和政治化的层级中苦苦打拼就能晋升到企业管理岗位的路径。另外，咨询行业也被视为通向创业之路的有效跳板。哈佛商学院 1993 届的学生为这两个观点都提供了一些验证。在毕业的时候被问到他们在接下来的 10 年期望做什么时，已经接受了咨询工作的人中，只有不到 1/5 的人表示“会继续做咨询工作”。[8]

这个行业受欢迎的原因也和这份工作的本质有关。来自 1974

---

① 咨询行业的薪资在 1992 年下降了，一定程度上是因为有些人在无业或固定工作的窗口期，借助独立咨询的工作作为临时的职业。——作者注

届哈佛商学院 MBA 毕业生中的顾问们，不再选择在大的、官僚化的组织里工作。他们当中有不少人选择了做自由职业者，因此他们也就没有老板了。他们的工作中有很大的脑力输出部分，这对受过良好教育的人来说，吸引力是很大的。这样的工作可以非常有挑战性，也因此能够帮助人成长。这种工作的重点通常也非常令人激动，因为它看起来很重要。这些顾问中的大多数人，在大多数时候，都不是在处理一些微不足道的事情。相反，他们被邀请去帮助组织变得更有竞争力以便更好地生存、繁荣。而且通常来说，他们的客户都是大企业。

来自哈佛商学院 1974 届 MBA 毕业生中的顾问，被聘请帮助大制造业企业分析他们如何赚钱和为何赔钱；顾问被雇用来定位企业的强项和企业的弱点；顾问们分析竞争者、分析新的市场机会、潜在的收购及战略方案；顾问们被邀请来帮助公司重新思考他们的市场、生产、研发、财务和人力资源政策；顾问们和企业内的员工一起合作再造工作流程，减少管理层级，创造更多更自治和更关注市场的业务团队，并帮助企业改变企业文化；等等。

在过去的 20 年里，人们对这种工作的需求迅速增长，而且看起来和全球竞争压力的提升直接相关。在第三经济阶段，这些压力爆发了。然后在这个过程中，企业中产生了巨大的变革需求，尤其是大企业。这些对变革的需求——很大程度上可以被描述为从繁复的层级转向灵活网络结构的需求——也带来了管理咨询行业的巨大发展[①]。

顾问们所做的大多数工作都可以由企业的常规员工来完成。实际上，顾问们的工作方式经常是将自己视为特殊的内部员工群组。企业经常以网络组织的方式使用这些外部人员的原因至少有 4 个。第一，外部人员通常都更客观，也更少被强大但目光短浅的企业文化所阻拦。第二，他们可以看到内部人才所无法注意到的事实。第三，外部人员也更能承担全职员工所不能承受的坏消息。作为一个顾问被炒鱿鱼的结果和作为一个全职员工被炒鱿鱼的结果完全不一样。第四，外部人员也更擅长做对内部人员而言在经济上完全不可能做的一些事情——除非企业能够雇用大量的职员。但现在即便对最大的企业来说，雇用大量的企业职员也是难以负担的成本。而且，能做优秀顾问的人，通常不喜欢在大组织中做全职员工。大公司试图在企业内部建立精英咨询团队的努力通常都会以失败告终。[②]

所有咨询尝试的有效性不太可能被评估。这个行业的批评者指出，尽管美国企业比日本企业聘用了更多的咨询顾问，但后者似乎仍然在获得胜利。对这种想法的认同可以在大多数大型美国企业中被找到——这些咨询顾问赚了大量佣金但看起来并没有产生多少效果的故事在企业中广为流传。然而，正如 1974 届哈佛商

① 咨询行业在整个北美，从 1970 年大概 10 亿美元收入的规模，增长到 1991 年 145 亿美元的规模。[9]——作者注

② 我本人就看过至少十几次这样的努力。只有一次成功了。——作者注

学院 MBA 毕业生中的咨询顾问们迅速指出的那样，他们是按合同或按天出售他们的服务的。不好的表现所受到的惩罚就是缺少回头客，或是下降的声誉。他们说，如果他们的产出不佳，市场会减少他们的收入，或者减少从业者的人数。但市场没有做出这样的反应。因此，这些批评在很大程度上是不公平的。对于真正相信市场的人来说，顾问们的观点是有说服力的。但这些争议一直在持续，因为不是每一个人都真的相信市场功效。

尽管顾问们有着不少批评者，他们也有许多支持者。这些人购买他们的服务，而且偶尔给这些顾问提供全职工作的邀约。以这种形式，MBA 们直接成为大企业的管理人员，而不用一点点地在繁复、官僚化的阶梯中晋升。对于一些固执、任性的人来说，绕过内部的晋升过程或许是他们今天在大公司获得管理职位的唯一可能性。

*

克莱德·高尔文（Clyde Galvin）出生于 1950 年，成长于亚利桑那州，在耶鲁大学读的本科，随后到哈佛大学读 MBA。他在研究生期间表现良好，而且在他的同学间有不错的口碑，同学们普遍认为高尔文是一个理性、善于表达且具有老练分析能力的人。“我认为他在我们中间拿到了最好的成绩。”他的一个同学明确地表达了对他的欣赏。另外一个同学说得相对客观一些：“教授们非常喜欢他。但从我个人角度来说，我厌倦了听他夸夸其谈。”

毕业的时候，高尔文被要求到华盛顿参加一个两年的项目。随后他加入了波士顿咨询公司（BCG），当时那还是一个很小的、年轻的企业（见下文的履历）。在过去的20年里，高尔文经手了上百个项目，有些项目持续了好几年。他也帮BCG扩大了它的规模，提升了它的声誉，完成了从创始CEO到第二代领导者的转变，还开发了一些新的理念和工具。

在1992年的访谈中，高尔文谈到了他对帮大公司最高管理层处理重大问题时的激情，尤其是在他从事咨询行业的第一个10年里。“有一些工作从智力上来说是非常有挑战性的。我喜欢和非常聪明的头脑紧密合作、一起处理困难问题的工作方式。我特别享受通过大量的团队互动，共同想出超出人们预期的解决方案。”在许多案例中，高尔文为同一家公司处理过多个项目，也因此和高级管理层非常熟悉。“我曾和一个公司一起工作了10年。我感觉我似乎对这家公司产生了很大的影响，这种感觉让人颇有满足感。在另一个案例中，我非常肯定，要不是我的同事们帮助最高管理层做出种种改变，这家公司恐怕已经无法继续运营了。今天，这家公司的全职员工减少了，不同的业务组合也让它更加偏于外部导向，它的产能也显著提升了。能够成为这个过程中的一员，也让我得到了极大的满足感。”

高尔文今天赚的比他们班的同学的平均收入（大约每年50万美元）高出不少。虽然有点不情愿，他也承认，在一个知名的咨询公司工作并不总是充满了魅力和大把钞票的。他的同学彼得·法伊弗（Peter Pfeifer）要更直接一些。“当我在大制造业企业工作了 10 年后，我加入了一家头部咨询公司，当时我并不知道将会遇到什么。后来我的工作开展得十分顺利，但当时的工作也经常让人崩溃。我的胃经常在我找到客户或开始新咨询项目的时候感到不适。即便是今天，尽管我已经证明了自己，我还是经常觉得我的职业生涯就像是专业垒球运动员的职业生涯一样。只要我的平均击打成绩很高，我就会持续成功。但一旦我的平均成绩下降了，我可能很快就会被送到下级联盟了。当然，这是一个公平的市场环境，但它也非常达尔文主义，需要你投入大量的努力和专注来保持成功。在我工作的第一个 10 年里，作为大公司的经理，我的工作和生活相对比较平衡。在过去的 10 年里，我能花在工作以外的时间越来越少了。有时候，我感觉我只有在退休以后才可能找到休息的机会。这并不是我离开学校的时候所预期的。”

克莱德·高尔文

职业经历

波士顿咨询公司　马萨诸塞州，波士顿

◎ 副总裁和实践区域领导者（1990—1993 年）

◎ 副总裁（1982—1990 年）

◎ 经理（1979—1982 年）

◎ 高级顾问（1978 年）

◎ 顾问（1976—1977 年）

国防部，副国务卿办公室　华盛顿特区

◎ 助理官员及研究分析师

教育经历

哈佛商学院　马萨诸塞州，波士顿

MBA，优等成绩毕业（1974 年）

耶鲁大学　康涅狄格州，纽黑文

物理学学士

个人经历

背景：出生于 1950 年，在明尼苏达州和芝加哥长大。家里 4 个孩子中最大的一个，父亲是一家大型广告公司的经理，母亲在家庭之外并没有工作

婚姻状态：分居，有两个孩子

语录

“早在 1975 年，我加入咨询公司之前，我很清楚我不想在大官僚体系中工作。我经历了几年那样的生活，所以我知道那是什么样的日子。我还挺清楚大多数企业的工作，以及一部分所谓的职业工作，比如说银行家必须和大官僚体系打交道，还有卷入其中的大量毫无意义的事情、卑躬屈节和惰性。”（1983 年）

特雷弗·詹姆斯也觉得作为一个顾问，他工作过度了——虽然现在比 10 年前要好很多。詹姆斯一毕业就立刻进入了一家咨询公司。然后在 20 世纪 80 年代早期，他和他的领导之间产生了一系列的矛盾。“他和人们玩各种各样的花招。当他旅行的时候，他会一大早给某个人打电话，告诉他们，他会在下午 6 点打回来。这是他用来保证你下午 6 点还在办公室的机制。然后，当然，不到下午 6 点半他都不会打过来。这就像是一个笑话，但它一点儿都不好笑。”1982 年，詹姆斯离开了，并建立了他自己的私人企业。他十分擅长该行业的业务，因此今天他在这个行业也比较有名气。他的业务主要关注企业在变化越来越快的商业环境中，需要做出的重要战略选择（见第三章的履历）。作为自己的老板，詹姆斯对他自己的日程有了更好的控制，因此也能更好地响应家庭的需求。自由职业的这项特点，今天看起来对许多人都很有吸引力。

*

当安东尼 · 德科利纳（Anthony Decolina）离开哈佛大学的时候，他也加入了一家咨询公司。两年以后，他接受了来自一个客户的职位邀请，这个客户是一家小型的短期项目外包公司。德科利纳开始担任这家企业的执行副总裁和总经理。他最终成了这家公司的总裁、CEO 和部分所有者。德科利纳从一个非常有声望的行业到一个不怎么有声望的行业的转换，超乎想象地成功。

这个短期项目外包生意在过去的 20 年发展得非常好。1982—1990 年，短期雇用在美国的增长是长期业务的 10 倍。[10] 这个增长直接和机构组织从繁复层级到灵活网络的转变相关。在竞争更为激烈的行业里，美国企业被迫削减他们的固定支出。企业削减支出的其中一个方式，就是把人员需求减到最小，而在季节性业务高峰期使用短期外包。支出随之降低，企业层级变得更少，然后企业的边界就变得不那么清晰了。德科利纳的组织提供了非常成功的短期外包服务，也因此，德科利纳比他班上后来做了咨询顾问的那些同学赚了更多的钱。

约翰 · 纳利（John Nully）也做了类似的事情，只是他的“短期外包”人员是具有高超技能的律师。在过去的 20 年，许多大公司的法务部门都被裁掉了，而他们的业务则被转移到了擅长商业服务的律师事务所。纳利从这个趋势中受益不少。同样的企业有不少还选择外包了与员工福利、企业出行、产品设计、会计和数据处理相关的业务。[11]

加勒特·摩根（Garrett Morgan）离开哈佛大学后，在一家美国大型制造业企业工作了六年半。在3个不同的国家做了6份不同的工作之后，他在1980年离开了大公司体系，并创办了自己的公司，然后开始向海外售卖特定类型的美国电视节目（见下文的履历）。在越来越全球化的经济体系中，美国节目的市场正在扩张。摩根的小公司帮助连接了美国的创作者和海外的客户。在将他作为一个员工在大公司任职的生涯和作为一个大机构的小供应商、经销商的日子做对比时，摩根说："我在企业里的工作在今天看来都是无用的官僚主义。做预算、财务控制、开管理会议，以及各种各样的事情。我并不觉得当时做的事情对构建任何可以留存下来的东西有任何贡献。我自己的公司现在10岁了，它以独特的产品服务了成千上万的客户。这里有我的骄傲。"

摩根有大约5%的同学今天也在以经销商的身份活动，大多数是为大企业做代理。他们帮着将化学物品、钢铁、电视、家电、珠宝，以及其他各种各样的东西，从厂商那儿送到消费者手中。在大多数情况下，他们和厂商合作得非常紧密，几乎就像是大企业的小部门一样。在另外一些情况下，他们提供的服务曾经是由生产商自己提供的。今天，规模较大的企业依赖外部的经销商来获得新的全球市场，或者为他们的顾客提供专业化的服务。这样的安排很大程度上体现了灵活的网络组织的核心精神。

加勒特·摩根

职业经历

国际电视公司　伦敦（1981—1993 年）

◎ 创始人和所有者

巴托克制造工业　美国纽约，美国亚特兰大，巴西，伦敦（1974—1980 年）

◎ 欧洲财务总监，塑料部门（1979—1980 年）

◎ 巴西特别项目（1978 年）

◎ 总裁助理（1977 年）

◎ 财务运营经理（1976 年）

◎ 产品策划经理（1975 年）

◎ 包装部门财务分析师（1974 年）

教育经历

哈佛商学院（1972—1974 年）

MBA

纽约大学（1970—1972 年）

商业及公共管理学士学位

布鲁克林社区学院（1968—1970 年）

应用科学副学士

个人经历

背景：出生于 1946 年，在德国和纽约长大，家里 3 个孩子中最小的一个，父亲是个小提琴家，母亲是个钢琴家

婚姻状态：1990 年与海伦·伯克结婚（第二次婚姻），育有 3 个孩子

简单地描述一下你认为 10 年以后你的理想生活场景：“如果我继续公司生活，我将会在康涅狄格州拥有一栋不错的房子，有一两个孩子，每年大概赚 6 万美元（以今天的购买力计算），然后我将很接近副总裁的位置。如果我自己做点生意，我将会像狗一样拼命工作，银行里有上百万美元，有两个离了婚的前妻，然后看起来像 65 岁一样。如果你觉得这听起来并不是很理想，那就是我还在工作的原因。”（1979 年）

凯尔·罗宾斯（Kyle Robbins）读完书以后，开始为惠普公司工作。从 1983 年开始，他陆续受雇于小型高科技公司。这些企业发明、制作并销售只卖给大型半导体制造商的仪器。这些大公司依赖于小制造商，因为后者通常都更有创造力，且能更快地展开变革。以这种方式，罗宾斯仍然高度参与着大企业的业务，只是现在他的大本营是一个只有 120 名员工的企业。

1974 年，玛莎·彭宁斯（Martha Pennings）加入了一家商业银行，并在这里成为一名服务于大型和中型企业的银行职员。1979

年，她创建了她自己的企业。工作内容和任职企业的转变有时候十分具有挑战性，但这些变化帮助了她成长，并实现了她想要的那种工作模式。今天，彭宁斯和想要融资、评估收购标的和收购或出售业务的企业一起紧密合作。就像她在投资银行里的同事一样，她也在帮助企业重构业务，这样它们才能更好地在第三经济阶段里参与竞争。但她是作为一个仅有不到 20 个员工的企业的成员来完成这些任务的（见下文的履历）。

菲尔·克罗宁（Phil Cronin）离开研究生院以后加入了一家中等规模的地产开发商。1980 年，他去了一家业务类似但规模小一些的公司。今天，他的工作是为不同规模的企业提供办公场地。他的一些租客曾经拥有他们自己的办公室，但现在他们并不想和地产资产捆绑在一起，因此他们选择租赁空间。克罗宁的同学中有 2%~3% 的人在其他大都会地区做类似的事情。

玛莎·彭宁斯

职业经历

霍德斯金－彭宁斯公司（投资银行） 康涅狄格州，斯坦福

◎ 联合创始人及总裁（1981—1993 年）

沃尔特斯斯证券　康涅狄格州，格林尼治

◎ 初级合伙人及管理总经理（1979—1981 年）

马萨诸塞银行　马萨诸塞州，波士顿

◎ 副总裁（1978 年）

◎ 商业银行职员（1977 年）

◎ 贷款助理（1976—1977 年）

◎ 管理培训生（1974—1975 年）

教育经历

哈佛商学院　马萨诸塞州，波士顿

MBA（1974 年）

韦尔斯利学院　马萨诸塞州，韦尔斯利

应用数学及生物学学士（1969 年）

个人经历

背景：1947 年出生，成长于明尼苏达州和巴黎，家里 6 个孩子中的第二个，父亲（比利时人）是一位化工教授，母亲直到结婚前都是一位细菌学家

婚姻状态：1971 年与理查德·彭宁斯（拥有自己的工程生意）结婚，有两个孩子

你为什么选择离开马萨诸塞银行？“基本上是因为我想要独立和自给自足。我想要建立我自己的事业。我在马萨诸塞银行也到了一个时间点——我学到了很多，但是随着时间的推移，能学到的东西越来越少的时间点。我看到了一个机会，于是就选择了改变。”（1983 年）

1974 届哈佛商学院 MBA 毕业生中，这样的故事一次又一次地重复发生着。他们或许名义上是在为小企业工作，但实际上他们也在很大程度上卷入了大企业的运营。他们的履历告诉我们，他们选择了抛弃大型组织，尤其是大型的制造业企业，但实际上他们并没有离开。他们作为顾问、经销商、财务顾问、房东，以及通过各种各样其他的身份，继续为这些大组织服务着。在第三经济阶段的环境里，他们在公司外部经常比在内部赚到了多得多的钱。而他们中的大多数人完全肯定，他们在企业外部会比在内部更有用。一个典型的评价是：“在过去的 10 年中，我认为我帮助一个知名的大型制造业企业改善了不少业务。这家企业内部的经理们是这么说的。但我不敢想象，如果我是其中的管理人员会是什么样的。那些限制、办公室政治会把我逼疯的，并让我变得相对低效。而作为外人，我能够说和做对内部人而言不可能的事情—— 即便是他们的 CEO 也做不到。或许有一天这一切会改变。我敢肯定，现在在那里工作要比 10 年前好多了。但这样的企业始终都还是有它自己的运营法则的。”

他们并没有抛弃大公司，但他们把一些东西抛诸脑后了——高不可攀的命令和管理层级，以及常见的对服从的强调。1974 届哈佛商学院的 MBA 毕业生们，尤其是他们中最成功的那些成员，不怎么处理将他们和另一群相对同质化的人连接在一起的上下级关系，而是更多地处理那些连接了更多样化人群的横向关系。从这种意义上来说，他们给许多人提供了有关未来的预告：一个有着更少层级和管理的未来，将会有更市场化的关系，更多样化的参与者，个体之间会有更多的协商和对领导力更大的需求。

新规则 4

巨大而内向化的层级在快速变化且竞争激烈的环境中表现得非常糟糕。因此，所有地方的大组织都被迫精简，以减少官僚主义，更贴近顾客和供应商。这个趋势提供了绝佳的机会——给小型经销商、供应商的机会，对商业顾问更是如此。

第 6 章

新规则 5：领导力优于管理

管理是使得繁复的层级得以维持运作的核心任务，但在灵活网络中，流程就变得不那么重要了——尤其是和领导力、谈判/达成交易的能力相比。对于创造、发展、改变，或者中止企业网络中更小和更不稳定的业务单元而言，领导力是必要的。而对帮助组织提升交易量，或者提升与其他跨业务单元之间的关系，达成交易的能力则至关重要。管理人员仍然需要了解如何管理，但没有领导力和其他谈判技能，他们的职业发展受到的限制就会越来越明显。大多数 1974 届哈佛商学院 MBA 毕业生，以及很多像他们一样的成功人士，其实并没有意识到这个非常重要的变化。

*

1987 年和 1988 年这两年，我访谈了在过去 5~10 年的 20 个在经济上非常成功的顶级高层管理人员。[1]在我问的所有问题里面，有这么两个：（1）你认为谁曾在自己的岗位上有非常优秀的管理表现——无论他或她负责什么业务，并请尽可能详细地描述这个人做了什么可能让出色的管理表现增色的事情。（2）你认为谁在为他或她身边的人提供有效领导力的方面有绝对优秀的表现，并再一次尽可能详细地描述这个人做了什么提升他或她杰出领导力的事情。我从这群非常值得信赖的访谈者那儿收集了200个有关卓越管理及卓越领导力的故事，然后将收集到的这200个故事放在一起，开始探寻其中的共性。正如你可能预见的那样，我们记录下来的许多故事都是基于特定的时机、地点和个人的。不过这些管理故事和领导力故事中，确实有一些反复出现的主题，且是迥然不同的两种故事。

杰出的经理人一般都被形容为在计划和预算方面非常有原则的人。他们会花时间去探究什么样的操作由谁来执行，以及什么样的成本可能达成哪些不同的结果。通常他们也能系统性地维持能够实现这些计划的组织。他们有能力选择优秀的人才，训练这些人才，让正确的人去做正确的工作，与各方详细沟通计划，并知人善任。在大家的描述中，他们也在监控、对比组织的成果与计划，发现异常情况，并将所有的行动带回正轨方面很有一套。因而，杰出的经理人通常在如何让组织的各部分按设计成的状态运营方面相当成功——譬如保证质量，及时且在不超出预算的情况下生产特定产品或提供某种服务。

杰出的领导者被形容为能够保证组织有清晰、合理方向的人，他们通常会帮助企业制定未来的愿景和能够实现这个愿景的策略。在描述中，领导者们通常会广泛与各个相关方沟通他们认定的方向，并保证所有相关方都能理解这个方向，且认可这是正确的方向。优秀的领导者也经常被描述为擅长鼓舞或激励他人的人，以便在通往目标的进程中遇到重大问题的时候，大家有足够的能力渡过难关。这样的领导者被描述为创造变革的人——他们能发展新的组织和业务，并帮助原有的业务适应发生了变化的商业环境（见表6.1）。[2]

在第二经济阶段相对稳定的环境当中，许多企业表现良好，大量经理和管理者相比起领导他人，在管理他人方面花了更多的时间。[3]当时在许多行业中，需求基本等同于供给，甚至大于供给，成功的关键仅仅是需要企业按时、按预算出货而已。但在第三经济阶段这样一个竞争更激烈，变化更快的环境里，情况不再是这样了。一些行业已经出现了供过于求的情况；在另一些行业里，人们购买的商品不断在变。而在这两种情况下，仅仅将过去做过的事情做好，已经不再奏效了。现在，一个组织如果想要成功，它需要降低开销，提高质量，研发新的产品，并能够快速变化。能够带来有效变化的能力对成功而言越来越关键。而这样的变化，则需要领导力。

最成功应对了1973年后经济环境的组织，大多已经从繁复的管理层级转向了看起来更为灵活的网络结构。① 作为这项变化中的一部分，这些企业将管理职能赋予了较低层级的人员，并要求中层及高层管理者花更多的时间提供他们的领导力。[4] 认为企业中仅有小部分人该尝试担当领导者的想法正在逐渐失去市场。

表 6.1　管理与领导

	管理	领导
创建议程	计划和预算——设立目标，并为达成此目标确定详细的步骤和日程安排，分配所需资源	确定方向——确立一个愿景，通常是对遥远未来的展望，并为实现这个愿景制定相应的变革策略
组建人力网络来实现此议程	组织和人员配备——为达成目标，需要建立合理的组织并为其配备适合的人才，告知他们实施此计划的责任与权力，向他们提供政策、程序上的帮助，并建立监测系统来监督其执行情况	联合群众——通过言语和行动向所有可能需要合作的人传达我们的方向，从而形成一个能够理解此愿景与策略并且为之奋斗的联盟
具体执行	控制和解决问题——详细地监测实际结果与计划，找出其中的偏差点，然后制订计划并组织人力物力来解决这个问题	激励与鼓舞——通过满足人类最基本的但仍常常得不到满足的需求，来激励人们克服主要障碍去变革
成果	产生一定程度上的可预测性和规则，并具有持续产出各种利益相关者所预期的关键性成果的潜力（例如，面对客户要守时，而面对股东要保证结果在预算之内。）	产生变化，通常是令人激动的大变化，并且拥有产生极其有用的变化的潜力（例如，客户需要的新产品、能够帮助公司提高竞争力的劳工关系新方案。）

在这个新的经济环境中，以及在网状的组织形态里，没有领

① 比如说，这形象地形容了在过去的十多年里通用电气（美国最成功的制造业巨擘）身上所发生的事情。——作者注

导力的管理者遇到了越来越多的问题。如果他们共事的其他人也并非领导者，除非他们的企业受到了特定的保护，不然一般都会表现得十分糟糕。[5] 如果他们所共事的其他人是领导者，那么无法领导他人的这些人就会逐渐在晋升中被跳过。这个模式可以轻易地在哈佛商学院 1974 届 MBA 的经历中被识别出来。那些有管理能力但没有领导能力的人，通常停留在层级较低的位置上，赚得更少，且相比他们的同学，他们更多地在发展较缓慢的企业中工作。①

*

萨米 · 卢多夫（Sammy Ludorff）不是一个天生具有领袖气质的人，不过他确实有一些特别的魅力。虽然卢多夫体重超标，且有一衣柜和时尚背道而驰的衣服，在过去的 20 年，他却比他大多数同学在提供领导力方面表现得更加出色。他的这项能力在他 1982 年换了工作之后变得尤为突出。当时，卢多夫加入了一家名为卡尔马切特工业的企业。这家企业当时的总销售额为 2.5 亿美元，被分成 3 个业务部门。卢多夫的工作是领导这 3 个部门中最小的一个，基本上等同于 4 间（以 1981 年的价值来说）流水大约

① 哈佛商学院 1974 届 MBA 中，今天仍在扮演管理者角色的人似乎是因两个原因而保持着现在的状态。一些人是因为他们所在企业中的企业文化并不允许个人发挥领导能力；另一些人则是看起来想发挥领导能力，但因为他们自身其他的问题而被阻碍了。——作者注

为 4 000 万美元的工厂和 300 名员工。这份工作的基本工资比他上一份工作低 10%，但通过谈判，他拿到了不少奖金和股权。如果部门表现能够显著提升的话，这些额外的奖励提供了让他能大赚一笔的可能性。

卢多夫在卡尔马切特工业的最初 3 个月将时间都花在了和各种人的谈话上：先是他的经理们，然后是其他员工，接着是顾客，最后还有供应商。他利用这些会面和各种人建立了融洽的关系，听取他们对于公司的意见，然后评估有哪些人他可以与之共事。经过了多轮讨论后，他把公司管理层级职权最高的 10 名经理带到了当地一家酒店的宴会厅里，和他们就部门的未来讨论了两天。“我从所有那些一对一的会面中总结出了我了解到了什么。然后我说，我希望和他们就我们希望将公司带到什么地方，以及如何将实现这个目标，得出更清晰的共识。讨论一开始进行得十分缓慢——这很正常。他们都还有一点忌惮我这么一个读了太多书的外人。但等到两天结束的时候，我们已经可以触碰到一些真正的问题了。”

这个“未来”会议陆陆续续地延续了几个月。随着卢多夫的威信逐渐提升，他在提出问题和挑战预设方面变得越来越激进。当管理层们聚集到一起，分析不同类型的信息后，他们得出了一些令人惊讶的结论。尽管他们一般都将自己视为制造厂商，他们实际上有 50% 的收入来自售后服务和公司里的非制造性业务。尽管他们一直都将奥科莱特工业视为其核心竞争对手，最终却发现，最大的竞争威胁实际上来自一家十几年前甚至不在他们行业中的公司。

仅仅是给未来的愿景开个头就花了超过一年的时间开会讨论。在这段时间里，卢多夫只换掉了其中一名经理（“这个可怜的家伙根本就不该被委派到这个位置上”）。他还花了不少精力保证短期结果足够好，以稳固他在集团老板面前的地位。

1983 年 9 月，在卢多夫来到这家企业 17 个月以后，他精心策划了一个将近 100 人参加的长达一整天的大会，覆盖他所有的管理层和员工，还有集团办公室中的关键人物、两个董事会成员、重要供应商、客户中的十几名高层人员，以及当地的市长。这个环节既是信息分享，也是“套圈游戏”。卢多夫穿着一身让他的工厂工人们倍感亲切又让他的雅皮士管理者们感到有点儿尴尬的衣服。这么一身打扮的卢多夫和所有的听众们分享了他们关于“未来”的讨论。其他人也分享了他们迄今讨论的结果，以及从中得出的商业战略。会议中展示的有些内容略失精巧，但这些美中不足完全被演讲者们的热情所弥补了。

1984 年，他们大大加快了变革的速度。部门中的群组被重组了，一个工厂被重建了，专案小组同时忙着十几个项目，而他们也推出了两倍数量的新产品和新服务。其中一些改革动议遇到了一些核心问题，但他们所获得的成功在数量上远远超过了失败。卢多夫在这个时期的角色，经常在啦啦队队员和救火队队长之间变换。“有几次我害怕改革带来的问题可能实际上会让我们吃不消，”他后来表示，“但无论如何我们扛过来了。”

1984年9月，在启动会议将近一年以后，他们举办了第二次活动，这次活动的参与者有200人。“简直不可思议，”卢多夫在同年稍晚时候的一次访谈中表示，“现场有我将近一半的雇员，包括一些不在管理职位上的老员工—— 一些我很肯定这辈子都没有参加过类似会议的人。我们共同庆祝了在过去的一年中取得的成功，然后讨论了未来的计划，讨论我们希望如何成为行业内全球领先的企业。现场有一些经理为这个活动改编了斯普林斯汀的一首老歌。每个人都因为这首歌开怀大笑，它也确实起到了鼓舞人心的作用。这天最后以啤酒和盛大的烧烤活动结束。这真的是一个大活动。”

当1985年变革的速度减缓了一点以后，卢多夫将两个引领关键变革的人提拔到了关键的位置，并从外部聘用了一个高级管理人员。这3个人中的每个人都启动了更多的活动，所有这些活动都被统领在越来越清晰的部门愿景下。1985年8月，当其中一间工厂从行业联盟中获得了一个重要奖项以后，卢多夫找了一个日子，从3点开始给全厂的335名员工放了个假，然后举行了一次庆祝活动。

1986年对整体结果的一次评估显示，在卢多夫来到这家企业4年后，大概有如下成果：营收上涨了100%，达到约8 000万美元；净收入增长了200%；雇员人数从300人增长到了340人；产量提升了超过50%；每年向市场推出的新产品和新服务的数量也增长了一倍。

1992 年重新回顾这一切的时候，卢多夫表示："在我看来，相比起经济上的变化，这其中最大的变化还是人员态度和企业文化上的变化。这家企业过去也并不是不行，它在 1982 年也并没有陷入什么麻烦，但它也没有任何增长，而且没有增长的原因在于几乎所有人都太安于现状了。他们既没有意识到正在浮出水面的问题，也没有意识到浮现出的机会。他们既没有今天你想要获得好成绩就会有的对未来的憧憬，也没有恐惧。但到 1986 年，这个组织在这些方面已经非常不一样了。而且这在经济层面，也获得了非常好的回报。"

*

哈佛商学院的神话会让我们误认为，在这些毕业生毕业 20 周年的时候，他们中的所有人都能为他们的组织提供有效的领导力。但在过去 10 年里，对 MBA 项目广泛的批评声则在暗示他们当中几乎没有人真的起到了领导作用，即便有，也仅仅是极少数人。那么这里一个显然很有意思的问题就是：真实情况到底是什么样的呢？萨米·卢多夫是他们当中的一个罕见的例外吗？抑或他的情况就是所有人中的常态呢？

通过观察他们的工作，观察他们自己每年对自己工作的描述，以及他们成就的本质，我可以估算，40%~50% 的哈佛商学院 1974 届 MBA 毕业生在扮演领导者的角色，同时他们所做的事情至少能获得中等程度的有效性。[①] 没有人会挑战温斯顿·丘吉尔在百科全书中的地位。但至少他们当中 10% 的人，也就是整个样本群中 4%~5% 的人，能被评为“优秀”。萨米·卢多夫就在这个组里。另外 20%~40% 的人可能被评为“非常好”。即便是剩下的 50%~70% 的人，按最保守的情况来说，也做到了所有伟大的领导者该做的事情：给人们指出前进的方向，唤起人们的投入，并激励人们行动。

在大组织中提供了领导力的哈佛商学院 1974 届 MBA 毕业生通常通过提供领导力来唤醒他们暮气沉沉的企业——一个向来都不简单的任务。拉尔夫·奥尔特加斯（Ralph Orteges）从 1987 年开始在一家西班牙制造业企业工作（见下文的履历）。他的工作任务基本上是专注于帮助他所在企业的部分部门转型，或是出售、关停这些部门，以提高这家企业的竞争力。吉姆·吉布斯（Jim Gibbs）负责运营一家非常知名的大型美国制造业企业的远东分支。在过去的 5 年里，他聘用了新的员工班底，并将企业的精力重新聚焦在客户服务、质量和利润增长上。在大量的工作之后，他认为他的组织现在基本上可以被视为同类组织中的全球领军者。海因茨·霍夫曼（Heinz Hoffman）的后哈佛商学院时代始于咨询行业，而后他又转向了银行业。在过去的 4 年里，他帮一家德国银行通

① 这个测算是基于他们每年关于其活动所提供的信息，以及他们 1992 年所填写的关于他们最大的商业成就问题的回应。如果个人在群组中讨论如何创造愿景或传播愿景，赢得了群组对实现这个愿景的投入，并且鼓励了人们实现高层级的成绩，或有证明显示他们在一组人中带来了有意义的变化，他们都将被视为领导者。——作者注

过全新的战略和组织结构，利用更少的管理者和更小的分支网络，找到了新的业务方向。据霍夫曼说，这可是 4 年艰难的时光。

霍夫曼、吉布斯、奥尔特加斯，以及他们的不少同学，都在提供领导力，使得企业结构看起来不那么像图 5.1 中展示的繁复的层级结构，而更像图 5.2 中展示的灵活网状结构。他们减少管理层级的层数，创造更加自治和更专注于顾客的业务单元，拉近和供应商及分销商的关系，出售业务，减少员工层级，有时候还会购入新的业务，以上述方式和一些其他手段来体现领导力。一般来说，这其中的大量工作都会遇到巨大的阻碍，诸如没有环境适应能力的企业文化，拒绝变革的办公室政治，时间和资源的局限——有时候仅仅是不一定能实现最好操作的不确定性。有的人觉得他们的薪酬和福利并不能真正地弥补他们承受的痛苦和付出的工作时间，但他们的收入本身可不少。霍夫曼、吉布斯和奥尔特加斯在 1992 年的平均收入是将近 40 万美元。

拉尔夫·奥尔特加斯

职业经历：

伊瓦拉电子公司　西班牙，马德里（1987—1993 年）

◎ 集团副总裁（1990—1992 年）

◎ 部门总经理（1989 年）

◎ 美国伊瓦拉公司，纽约负责人（1987—1988 年）

塞维利亚药品公司　西班牙，马德里（1980—1986 年）

◎ 高级副总裁（1983—1986 年）

◎ 集团经理（1980—1983 年）

克莱姆森化工公司　瑞士，洛桑（1976—1979 年）

◎ 市场开发经理（1978—1979 年）

◎ 财务规划经理（1977 年）

◎ 财务分析师（1976 年）

西班牙武装部队（1974—1975 年）

◎ 少尉

◎ 空军军官培训课程

教育经历

哈佛商学院（1972—1974 年）

MBA

马德里理工学院（1968—1972 年）

电子工程学博士

个人经历

背景：拉尔夫·奥尔特加斯于 1945 年出生于马德里，他是家中两个小孩中的长子，他的父亲是一名会计师，且在一家纺织公司里担任人事主任，他的母亲拥有中等学校教师资格证

婚姻状况：于 1978 年和卡门·伊格莱西亚斯结婚，育有一个孩子

从哈佛商学院毕业后，您遇到过什么必须处理的挑战和问题吗："从一个非常专业的角度来说，我认为有一个问题——你怀着很大的期待毕业后进入社会，你在学校里被教育去做一名将军，但你可能并没有做将军的个人能力。在最好的情况下，你也得从一个低起点的少尉做起。你不得不去适应那种情况。你必须要尝试着做一个不要太让他人感到被冒犯的将军。"

1974 届毕业生中其他那些为大型组织提供领导力的人并没有那么激进地重构他们所在的公司，而是更多地参与到了让灵活网络组织良好运行的工作中。菲尔·博廷格（Phil Bottinger）自毕业后就受雇于一家知名的电子元件制造厂商。他的任务包括在公司内创造、构建小型的业务单元。1988 年和 1989 年，他帮助搭建达到了世界最先进水平的制造业组织。这个组织在 25 个月内，从一个创业组织发展到了拥有 200 名雇员的规模。1990 年，他成为一个专注于为某个高度垂直的领域制造特定器材的 50 人业务分支的总经理。博廷格和像他一样在大公司的人们尝试像小商人或创业者一样工作，以帮助大公司更好地竞争。

哈佛商学院1974届MBA毕业生中，在小组织中提供领导力的人们一般都是通过创立或搭建小公司的方式来实现这一点的。巴里·福曼（Barry Forman）从商学院毕业后创立了不少于4家公司（见下文的履历）。当弗朗西斯·特勒（Francis Teller）1979年协助创立一家投资银行时，它只有5名雇员。今天，这家银行已聘请了超过50名员工。

在大公司和小公司中担任领导职位的人所面临的核心领导力的挑战是不同的。像霍夫曼、吉布斯和奥尔特加斯这样的人，必须经常应对大公司抗拒变革和冲击领导力的企业文化。应对这些文化问题可以称得上是一个现象级的难题。[6]像弗朗西斯·特勒这样的业务创始人必须应对在有限的资源下白手起家的挑战。在小公司的场景下，一些重大的失误可能导致破产。

提供有效领导力的哈佛商学院1974届MBA毕业生们的形象有时会和我们从电视和好莱坞电影里看到的领导者们的形象保持一致。克雷奇·拉思伯恩（Craig Rathborne）就是一个高大、英俊、有魅力，而且乐于进行自我表达的人。但像萨米·卢多夫一样，大多数MBA毕业生并非那么有领袖魅力。他们提供领导力的方式并不是基于个人的闪光点，更多的是通过将相对深入的业务理解转化为团队共同的愿景，通过竭尽全力让相关人员相信这个愿景，用他们自己的理念和论断激励所有人去行动来体现他们的领导力。这些行动可能看起来并不那么优雅，但这绝对是领导力的体现。

巴里·福曼

职业经历

威尔克咨询公司（油田、金融服务方面） 圣地亚哥（1991—1993 年）

◎ 董事长

斯莱昂多公司（石油钻孔设备） 圣地亚哥（1987—1989 年）

◎ 总裁和公司所有者

詹姆斯敦咨询所（环境与医药方面）（1990 年）

◎ 副总裁

福曼公司（石油钻孔设备） 菲尼克斯（1985—1986 年）

◎ 董事长和公司所有者

福曼建筑公司（生产石油钻孔设备） 菲尼克斯（1976—1984 年）

◎ 董事长和公司所有者

沃克（行走者）集团（从事自动工业方面的顾问） 达拉斯（1974—1975 年）

◎ 董事长助理

宝洁公司　日内瓦（1971—1972 年）

◎ 国际销售团队的销售助理

教育经历

瑞士圣加仑大学（1971 年）

经济学硕士

哈佛大学商学院　马萨诸塞州，波士顿（1974 年）

MBA

个人经历

背景：巴里 · 福曼于 1945 年出生，在瑞士长大，是家里两个孩子中的次子，父亲曾在瑞士最大的几家公司中的一家任 CEO，母亲是家庭主妇

婚姻状态：在 1986 年与他的第二任妻子卡罗琳 · 斯隆（当时就读于医学院）结婚，有一个孩子

对自己的优缺点给个坦率的评价："总的来说，我是一个乐观、自信的人。这些性格特征加上我在事业上的野心，使我成了一个意志坚定的人。不过我的欲望和野心也容易让我变得对自己和他人没有耐心。在实现一个目标的过程中，我有时会以自我为中心，忽略了他人的感受和需要。"（1972 年）

*

一个有趣的问题是：是什么将拉思伯恩、卢多夫、福曼及其他领导者与他们的其他同学区分开来的？很显然，他们在某些方面的表现是不一样的（见表 6.1）。但他们内在的心理状态呢？还有他们的职业路径又有什么不同呢？

考虑到各种关于领导力的说法，你或许会期待我能够找到成百上千个个人或职业上的维度，可以用来区分领导者们，因为他们往往被大众视为“不同寻常的人”。然而，在我量化分析的近 500 个要素中，那些提供了领导力的人展现出了明显差异的因素不超过 12 个（见表 6.2、表 6.3）。

相较于他们的同侪，班级中的领导者们对权力、认可、声望和成长有更强的指向性。他们也更不在乎安全感和休闲时间。在职业发展上，领导者们跳槽比较少，任职过的公司和行业没有那么多。他们也更可能选择一条迈向总经理的职业道路，且更可能被大公司雇用。

但我在表 6.2、表 6.3 中发现的最有趣的一点并不在其中。当我在 1990 年开始分析 1974 届哈佛商学院 MBA 毕业生的相关信息的时候，我满怀期待，希望会发现领导者们可能会在个人特质、背景和职业维度上很容易被甄别出来的特点。但实际上，我发现并不是这样的。这里的启示十分有意思，尤其是从合理预测有哪些人可能会成长为有效领导者的方面来看。

*

另外一个有意思的问题是：萨米·卢多夫和同届的其他人是如何学会成为领导者的？哈佛商学院在其中扮演着什么样的角色？他们的父母和早期生活经验又扮演了什么角色？他们在商学院毕业了之后，又学到了多少东西？

狭义来讲，他们在哪里习得了领导能力的问题的最佳答案是：在工作中。他们在1994年所采取的构筑领导力的措施，在1974年是不可能实现的。当时，他们并没有今日必需的行业垂直知识，没有现在的名望和关系网络，没有对什么能构成良好领导力的深入认知，也没有他们今天所拥有和使用中的一些人际交往的技巧。他们通过在工作中观察其他人是怎么做的，并在不断地尝试和犯错中习得了这些额外的技能。[7]而他们当中又有许多人是在小企业的商业场景中学会这些技能的，因为大公司通常没有足够的行为榜样或充分的环境支持他们进行习得有效领导力所必需的试验。[8]

而广义来说，关于习得领导力的时期的问题的答案是：在他们到哈佛商学院之前的岁月里。对他们当中的大多数人而言，发展领导力所必需的基本元素在他们青春期之前的日子里就已经具备了。这些元素包括内在的驱动力（因为产生变革通常是艰难的），最低限度的智力水平（因为在复杂的商业环境中构造愿景需要良好的思考能力），没有神经过敏的包袱（这可能会影响信息收集和关系拓展的过程），正直的品德（缺乏这点会招致他人的反感）。[9]基因的组合、产前的看护、营养、父母和学校教育都为这些因素打下了基础。

从直接作用来说，MBA项目在通过课程开发领导力潜力的过程中的角色是非常有限的。我们也并没有提供"领导力"的课程。[10]我们也并没有直接尝试发展培育领导技能。我们在课堂中用到"领导力"这个词的时候，含义复杂且模糊，一般也包括了我们今天称为"管理"和"经营"的部分。

表6.2　1974届的领导者及其他成员

	1974届的领导者	1974届其他成员
他们是谁？		
你认为工作中有哪些事情是重要的？*		
个人成长	更高	
职业成长	更高	
权力	更高	
认可	更高	
名望	更高	
现在的收入	没有差异	没有差异
未来的收入	没有差异	没有差异
工作的本质	没有差异	没有差异
自治权力	没有差异	没有差异
安全感		更高
休闲时间		更高

* 调查时间为1985年。

但在其他方面，哈佛大学或许扮演了颇具重要性的角色，这个角色起始于录取的过程。不像许多学校，本科分数和考试成绩并不是哈佛大学的录取决策中占统治地位的因素。① 一些没那么量化的因素——尤其是一些跟领导力潜力相关的因素，被哈佛商学院用以评估 1974 届 MBA 的候选人。招生办公室收集了包括申请者们在校时的课外活动和他们的工作经验相关的信息。他们要求申请者就申请问题写出长篇答案，然后通过阅读他们的回复，在他们的成熟度、正直度和自我认知方面找出蛛丝马迹。有条件的情况下，他们还会面试候选者，然后要求他们的领导和老师们提供推荐信。这个过程非常耗时、昂贵，还容易招致批评。② 但哈佛商学院的核心人物相信这个流程，这比一个大体上依赖成绩和分数的机制能筛选出更多有领导力潜力的学生。

表 6.3

	1974 届的领导者	1974 届其他成员
职业路径		
1974—1992 年工作过的行业	2.2	2.7
1974—1992 年工作过的公司	2.6	3.3
进入到大部分以综合管理为主的工作中	60%	19%
大部分受雇于大雇主	42%	26%

① 在 20 世纪 80 年代中期，哈佛商学院成为美国唯一不需要通过企业管理研究生入学考试（GMAT）的商学院。——作者注

② 最常见的批评是，这个流程允许个人偏见影响决策。——作者注

这些人来到波士顿以后，哈佛商学院会接纳他们，并尝试将他们变成更有野心、更自信，且坚信他们可以实现自己野心的人。通过这么一个非常有挑战性的项目，哈佛商学院也让这些 MBA 学生领悟到，如果遇到了艰难的境遇，艰苦付出，应对沉重的压力，他们就能获得更多的成长。综合了领导力潜力、竞争驱动力、学习意愿，以及第三阶段的经济环境，这些学生接着被推动着，努力尝试发展出他们在工作中想要成功所必需的领导技能。这些因素影响了 MBA 项目的成员们，使得他们会主动去寻找优秀的行为榜样，并远离那些无法让他们习得领导力的缺少挑战性职务的企业。因此在漫长的时间里，许多人就发展出了领导能力。这样的流程，或许也帮助他们学会了如何做创业者和小生意的经营者。（在第 9 章中，我会就此有更多的讨论。）

如果哈佛商学院在课程中更直接地关注领导力（或者企业家精神），他们当中会不会有更多人展现出领导力，或是能够更有效地领导他人？我认为答案是“没错”，尽管我提供不了什么证明。当然，我们可以在他们待在波士顿的两年中，教授他们更多有关领导力的知识。但更重要的是，比起他们的课程中没有对领导力明确的强调，我更担心的是，他们中太多人在离开学校后的第一个 5 年里，就失去了发展他们自然能力的机会。很多人不得不靠他们自己来搞明白领导力到底是什么，为什么它对大公司 CEO 以外的其他人同样重要，以及领导力技能在工作中可以怎么发展。当然，这个过程可以通过改变课程来催化。对创业家精神而言，情况大概也是一样的。

今天，我建议每个选择商学院项目的人，都应当仔细研究商学院是如何处理关于领导力的问题的。

新规则 5

管理职务中的成功越来越强调领导力，而不仅仅是好的管理能力。即便是在企业的较低层级中，缺乏领导力也会损害企业表现及个人的职业路径。扼杀员工领导力的组织已经无法继续在竞争中取胜了。

第 7 章

新规则 6：达成交易

斯坦 · 罗伯茨（Stan Roberts）喜欢竞争。大概 30 年前，他曾经希望能进入美国曲棍球联盟。他的运动目标从来没有实现过，但今天罗伯茨还是成了富有且具有影响力的成功人士——作为一家重要的投资银行的总裁（见下文的履历）。

斯坦 · 罗伯茨

职业经历

布莱克本投资银行　日本，东京（1974—1993 年）

◎ 董事总经理及远东金融负责人，管理布莱克本亚洲基础设施投资银行的所有员工（1987—1993 年）

- 董事总经理和合伙人，负责日本商务拓展（1985—1987 年）
- 总裁，负责日本股权及私募业务，为布莱克本最好的客户进行了首次利率互换业务，产生了 100 万美元的营收（1983—1989 年）
- 副总裁，管理东京办公室（1980—1983 年）
- 高级经理，和 20 名其他员工一同创立了东京办公室（1978—1983 年）
- 经理，在伦敦、东京和纽约负责大型能源相关项目（1974—1977 年）

教育经历

哈佛商学院　马萨诸塞州，波士顿（1972—1974 年）

MBA，第二年获得荣誉成绩

哈佛大学　马萨诸塞州，波士顿（1968—1972 年）

电子工程本科荣誉毕业生，曲棍球校队成员

个人经历

背景：1951 年出生，在蒙特利尔附近长大，家里 3 个孩子中的老二，父亲是家族企业中的工程经理，母亲在家庭以外没有工作

婚姻状况：1978 年与葛洛莉雅 · 亚伯（在他们的第一个孩子出生前，她在布莱克本担任经理职务），育有 4 个孩子

兴趣：壁球、阅读、曲棍球

语录

“我认为我学会了如何让人们向着目标前进，以及什么时候应该敦促他们前进，还有什么时候不该这么做。这是判断力。有时候在我们的业务中，你需要敦促一个人去做你认为对的事情。他可能会有 100 万个理由告诉你，你为什么不该这么做。而当你在讨论一项大型业务的运营时，做出正确的判断就会非常艰难。基本上你就是将你的判断摆到台面上，然后你的生死就看它了（1983 年）。”

罗伯茨出生于 1951 年，在蒙特利尔附近长大，是家里 3 个孩子中的老二。他的父亲是一名工程师经理，在罗伯茨叔叔名下的一家小公司工作。罗伯茨学生时代一向表现良好。一些教过他的老师认为唯一会时不时影响他，导致他无法拿到最好成绩的因素，就是他的暴脾气。罗伯茨 12 岁的时候进入了他父亲和叔叔读过的一所小型加拿大寄宿学校，但在该校的第一晚就因为和新同学打起来而差点被开除。年幼的罗伯茨控诉那个男孩将台球画记号用的粉笔弄到他的裤子上。他的同学则表示，罗伯茨只是在试图建立“谁是谁”的威名。

罗伯茨在寄宿学校的 4 年中，时不时就会遇到麻烦，但他讲述这件事的方式，就仿佛这段日子是他人生中最好的时光似的。他在这里交到了许多一辈子的朋友，同时迎来了让他感到非常兴奋的学术和竞技的新水平上的觉醒。从足球场到学术竞赛，再到对他最为重要的冰上曲棍球场，罗伯茨成了一名非常成功的竞争者。在寄宿学校的最后一年里，他甚至被选拔成一名学生长——他描述这是“曾经给予了我更多责任和一些自由权力，让我得以改变一些在最初两年的日子里给我带来过不少麻烦的规则和限制”的位置。

罗伯茨从寄宿学校到大学的转变也十分动荡。“这之前，我这辈子从来没有去过比蒙特利尔更远的地方，因此去波士顿对我来说真的是很特殊的经历。最初的两个月糟糕透了。我什么人都不认识，而那里的风土人情给我带来了冲击感。不过，事情后来慢慢变得好了起来。通过曲棍球，我遇到了不少人。我出乎意料地发现，他们也像我一样感到迷惘。第二年，我决定成为一个职业曲棍球运动员。我几乎放弃了所有的学业任务，然后谢天谢地，因为学校（在反对越南战争中）的罢工抗议我才勉强及格。大三、大四就不一样了。出于对不及格的恐惧，以及遇上了一个远算不上鼓舞人心的曲棍球教练，我决定将职业曲棍球生涯暂且延后。考虑到我几乎完全是靠自己的奖学金和暑期工作在赚学费，我决定最好还是忍耐一下，并踏踏实实地学点什么。”

罗伯茨的决心让他以不错的成绩毕了业，还拿到了一个电子工程的学位。他随后试着申请了斯坦福大学和哈佛大学的商学院——一个他从大三开始就十分专注的目标。他的目的是从中获得分析工具、人脉，以及他认为能够允许他成为管理高层商业领导的准入证明。就像他被选为寄宿学校的学生长一样，能够进入这些商学院就读对罗伯茨来说意味着杰出的成就，也代表着某种证明：“来哈佛商学院的其中一个原因是我的一些本科朋友的态度。作为一个工程师，我和他们只有极少数的课程重合。这个情况，以及我打曲棍球的事实，和我在一些本科生的社交活动上过分纵情的情况，让他们中的一些人误以为我是一个没什么想法的运动狂。他们的这种想法直到最后都让我很沮丧。所以在回答他们‘你明年准备干什么’的问题时，对他们说‘我明年将要去读哈佛商学院’这点让我获得了极大的愉悦。我从那些不怎么了解我，或者对我有一个运动狂的固化印象的人那里，得到的回应是‘天啊，我从来不知道原来你这么聪明’。我对他们回应的微笑就代表着我告诉这些自大狂，他们可以带着自己偷懒的刻板印象，该去哪儿去哪儿。”

1972 年秋季，罗伯茨入读了哈佛商学院，他十分享受这里的日子，并在学术成绩上表现得非常出色。他的哈佛商学院的经历强化了他的一个信念——如果他做得比他的同辈们好，能给他带来巨大的成就感。1973 年，他写道：“如果我不能在自我评估中胜过同侪，我就无法获得成就感，无法获得目标，无法获得满足感。”他在一家投资银行找到了暑期工作，然后发现这个行业满足了他的多项需求。毕业后他接受了一家规模稍大一些、更有名望的投资银行的职位，然后（通过一些方式）成功说服了他的雇主给他 9 个月的假期，以实现一次全球“穷游”。在亚洲，他通过教英语获得旅费；在拉丁美洲，他当过厨师，也做过普通体力工人；在澳大利亚，他卖过二手车。这无疑是相当冒险的旅程了，且对他后来的职业发展有塑造性的影响。“商学院的经历让我为工作和职场做好了严丝合缝的准备。人们总是不停地问：‘你做这件事是要干什么？’好吧，在我的眼里，它就是设定了我总是要做一些我认为对我来说对的事情。但如果你不选择最明显和最标准的选项的话，十有八九你最后反而可能在某个时间点上从中受益。”

在投资银行工作的前三年里，罗伯茨曾经在纽约、东京和伦敦工作。那是一段歇斯底里的经历，但对罗伯茨来说很有教育意义。因为他对这家公司的小远东分公司是如何运营的持批判态度，因此他在 1978 年作为团队的一员被派到东京建立新业务。他接受了这个机会——即便他有不少朋友警告他，这家公司最终会关掉东京办公室，因为之前试图发展东京办公室的尝试都失败了。

罗伯茨和一个 15 人的小组一起在远东工作。远离纽约和纽约传统的那套该如何做生意的信念，但同时也不得不面对艰难的商业环境。这个小组的人尝试使用罗伯茨在 1981 年的访谈中形容为这家企业的核心业务的新模式来开展工作：“开发出能够从世界各地将拥有资本的人和需要资本的人连接到一起的工具。”在第三经济阶段越来越全球化和不安定的环境里，想获得资本以发展业务或想获取资本以推动业务转型的人与日俱增，而能够提供资本的人的数量也在上涨。罗伯茨的业务在撮合交易的环境里蒸蒸日上。“唯一的问题是，我经常感到很孤独。虽然这项业务是一个巨大的挑战，而且非常有意思。我们想出了各种各样的点子，其中有许多点子让在纽约的人认为，我们可能有点疯了。但大多数点子都奏效了。”罗伯茨在公司遇到了他未来的妻子，并和不少客户变得更为亲近，这之后，他的孤独的情绪也逐渐消散了。这些客户关系后来又反过来帮助他的小组获得了更多的生意。

1980 年，罗伯茨被提拔成了副总裁。1983 年，他又晋升成了总裁。当时，远东业务获得了可观的增长。1982 年，罗伯茨又拿到了澳大利亚 / 新西兰的业务，并开始获得显著的费用收入。1985 年，他成了管理董事和合伙人。在这个位置上，他同时帮助管理和领导这个组织，但他最主要的职责仍旧是提供财务服务，以及撮合交易。

在 1983 年接受访谈的时候，罗伯茨每天会工作非常长的时间。“我决定在我生命中的一段时间里竭尽心力地工作，以获得足够的净值，能保证我未来的生活需求。然后，我想要花大量的时间和我的孩子们在一起，给予他们我所拥有的那种超棒的童年。这可能是白日梦，但我认为我们总需要这样的一些憧憬，尤其是你在凌晨 3 点还在工作的时候。”

虽然他在他的公司里只拥有一点点股东权益，罗伯茨还是成功积累了相当高的个人净值。在一个全球竞争持续加剧的时代中，许多企业被创立、被重构、被扩张、被购买、被出售，而变化已经成为常态，那些保守且规矩繁多的商业银行通常都在苦苦挣扎。但许多美国投资银行愿意给有才能的人支付高额的工资，并愿意承担风险，成绩就非常突出。到 1994 年，罗伯茨已经建立了家庭，并有了 4 个孩子。他的概况还是非常好的，而他的家庭资产已经超过了 2 000 万美元。

*

财务导向的交易撮合者在 20 世纪 30 年代、40 年代、50 年代、60 年代已经大量存在了，但远没有我们今天所看到的这么多，他们的收入也没有今天这么丰厚。[①] 在当时变化相对缓慢、规范要求更多、更关注美国国内商业的环境下，对这一类型人员的需求和提供的机会相对都较少。而现在，全球化正在改变这一点。

越来越明显的一点是，米兰或大阪的企业开始寻求资金以拓展到世界上的其他地方，他们开始到伦敦和纽约找寻资金。交易员在匹配资金供给方和使用者的过程中，扮演着越来越重要的角色。由于浮动汇率和持续增长的竞争所带来的不稳定性，对金融交易的需求有了长足的增长。这样的交易一般来说都是由交易员所处理的。而在一个大量业务都需要通过重构以提升竞争能力的时代，合并和购买的数量都大幅增加了。[②] 并购是金融交易员的业务中非常重要的部分，全球化提高了想要和其他企业建立联系的企业的数量——尤其是那些想增多与其他国家企业的联系的公司。而

① 关于这点，很难找到统计数据，但在更可观察的投资银行行业中，整体雇用人数在上涨，比如说 1993 年的人数相较于 1963 年的人数已经至少增长了 500%。——作者注

② 从 1980 年到 1989 年，在美国有将近 25 000 起并购案。——作者注

交易员经常构造这样的关系。在苏联和其他一些地方，以资本主义替代国有制，则是全球竞争的另一个结果。这同时也创造了走向私有化和重构的巨大浪潮。而这一切也经常是由交易员处理的。

在 1974 届哈佛商学院的 MBA 毕业生中，只有一小部分财务交易员是在主要的投资银行中工作的。但他们中的几乎所有人都或多或少地参与到了这些公司所采取的举措中，比如交易、资金管理、并购、杠杆收购（LBO），以及企业财务。他们经常扮演银行家的角色，通过提供资金来帮助这些企业。但他们也经常扮演顾问的角色，通过帮忙卖掉企业的部分业务，帮助他们从繁复的层级结构转向灵活的网络组织。有时候，他们通过灵活的网络组织的形式与这些企业紧密合作，几乎可以相当于内部的企业财务或战略规划人员。和顾问不同，金融交易员们可以在企业外相对独立地运作，通过股市或债市投资这些企业。有时候，他们和企业之间的关系甚至可能是敌对的，比如，当他们试图强迫企业与其他企业合并，或是强行发起收购的时候。

正如领导者试图创造激励他人的愿景，经理人倾向于在正式管理层级中对工作精益求精，交易员们一般则更关注市场，同时他们也是卓越的谈判者。顾问一般聚焦于项目，创业者一般聚焦于他们的公司，交易员则会通过关注资金交易的方式来看待这个世界。他们的生活就是发起那些能够帮助企业发展、创立、转型或运营得更有效率的交易。同时，因为这些交易一般都会卷入大量资金，就算交易员只能获得其中很小的百分比作为佣金，他们也能变得非常富有。

到1993年，1974届哈佛商学院MBA毕业生中大约有25%的人算是金融交易员。[①]还有更多人在金融业务或金融行业中，但这部分人一般不扮演交易员的角色，通常他们会提供领导力来构建业务，或者带领企业转型。平均来看，这些交易员比他们的同学的收入更高。1991年，一个典型的交易员的年收入为将近28万美元。剩下75%的人的年收入大概是16万美元。[②]高收入，以及其他的一些原因，让交易员的职业十分具有争议性——至少比领导者有争议多了。[1]

当然，领导者也不总是被爱戴的。当他们重构业务，且在这个过程中需要裁员的时候，他们就会成为恐惧和愤怒情绪的对象。但好的领导者经常看起来非常在乎他们的跟随者，这样的行为能让人们尊重他们。金融交易员有时候是非常激进且自信的。这种状态达到一定程度后，有时甚至让他们看起来显得非常傲慢和冷漠，而有时候他们看起来似乎只在乎赚钱。对一些人来说，他们赚到的钱与他们做出的贡献相比，完全不成比例。

如果可以选择和交易员或领导者共进晚餐，我想大多数人会选择后者。但在市场里有多个玩家，且有大量不同甚至是敌对冲

① 所有的交易员所做的都不仅仅是撮合交易，像罗伯茨就花了大量的时间为他的企业提供领导力。但这届学生中有25%的人在工作中的首要任务是达成交易。剩下75%的人可以被分为三类：领导者（45%）、经理人（20%），以及其他人（10%，包括各种各样的自由职业者，以及那些退休了的人）。——作者注

② 收入数字为中位数。——作者注

突的利益相关方卷入的时候，我想多数人恐怕都会希望有个优秀的交易员站在他们这边——即便他或她表现得十分激进和傲慢。

*

特洛伊·帕克森（Troy Paxon）可能算得上是交易员中的典范了。今天如果把他放在世界上大多数地方的人气比赛中，帕克森估计很难获胜。在一些同学的记忆中，帕克森是一个有些只顾自己，同时在和他人的关系中显得目的性比较强的人。尽管如此，他在某个方面无疑是有卓越天赋的：赚钱。

在帕克森的早年时光中，他住在纽约市。他的父母是一对在布鲁克林做小零售生意的夫妇，而他是家中两个孩子中的长子。中学时期，他也在家族企业中工作。在进入纽约大学前的那个夏天，他靠能言善辩获得了一家总部在美国的贸易企业伦敦分公司的职位。在纽约大学就读期间，他开始做点小生意，卖东西给同学，有时候一天能赚到 300 美元。当他 1972 年本科毕业的时候，他选择直接到哈佛商学院就读。

在波士顿过完第一年后的那个夏天，帕克森再次在中学毕业后曾雇用过他的那家贸易企业实习。1974 年的夏天，他面试了 4 家投资银行、6 家地产公司，但只拿到了一份聘书——今天他将这归因为年少时的天真和未经打磨所导致的结果。他接受了这份工作，然后于当年 6 月开始在一家大型地产投资集团担任总裁助理。

1975年，帕克森开始在他的新公司做销售。1976年，他跳槽了，在一家小一点的地产公司做类似的工作。受销售佣金影响，他的工资波动很大，但整体来说，作为一个不到30岁的人，他的收入已经非常高了。到1978年，他每年能挣到超过20万美元。当被问到，他喜欢自己工作的哪一点时，他回答说："什么都不喜欢，除了完成交易时的激动。"

1980年，帕克森用他自己的钱，加上从另外一个投资者那额外得到的资金，成立了一家交易和资产管理公司。1982年，当他父亲的生意遇到困难的时候，他买下了那家小公司，并在接下来的4年时间里，同时运营两家公司。在每一单业务中，他都持续地、不知疲惫地寻找新的机会。而在两家公司的业务中，他都成功地找到了机会。

特洛伊·帕克森

职业经历

鲍德里奇集团　新泽西州，纽瓦克（1980—1993年）

◎ 创始人、公司董事合伙人和总裁

佛罗里达州广告公司　新泽西州，纽瓦克（1982—1986年）

◎ 总裁及所有人

琼斯 & 兰格房地产　新泽西州，特伦顿（1976—1980 年）

◎ 副总裁（1980 年）

◎ 销售人员（1976—1980 年）

瓦格纳房地产集团　马里兰州，巴尔的摩（1974—1975 年）

◎ 销售人员（1975 年）

◎ 总裁助理（1974 年）

教育经历

哈佛大学商学院　马萨诸塞州，波士顿（1972—1974 年）

MBA

纽约大学　纽约州，纽约市（1968—1972 年）

经济学学士

个人经历

背景：出生于 1946 年，在纽约市长大，是家里两个孩子中的老大，父母在布鲁克林区经营一家小型零售企业

婚姻状况：1980 年与利娅·科普朗结婚（妻子不在家之外的地方工作），没有孩子

兴趣：投资和贸易

语录

“我没有什么脑子。我远远不是哈佛大学最聪明的学生。在我看来，毫无疑问，我是班里的最后一名。但是这并没有阻止我。我只是发现了一些我喜欢做的事情，并且做得非常好。”

在家族生意中，帕克森从新泽西州大西洋城赌博合法化的进程中成功获利。在4年的时间里，帕克森让企业的营收增加了将近400%，然后以一个不错的价格卖掉了这家企业。在他自己的公司中，他为交易和投资发展出了不少新的概念，并基于此融合新出现的电脑技术，成功开发出了新的系统。敏锐的头脑、勤奋的品质、高度集中的专注力，以及持续增长的颇有趣味的交易和投资机会，全都交织在一起，互相融合作用。帕克森从1981年开始雇用额外的人手。到1992年，有9个人为他工作。

1991年，我在帕克森显得有些小而朴素的办公室套间里和他交谈的时候，帕克森每年已经能赚到将近200万美元了。他刚刚结了婚，并且没有孩子。当讨论到他的成功时，帕克森表示：“关键在于：我完全不在乎别人是怎么想的。我愿意承担风险，做一些看起来可能很蠢的事情，并让我自己陷入尴尬的境地。大多数人不会做这种事。我最近打电话给吉姆·罗宾逊（Jim Robinson，时任美国运通CEO），然后告诉他，他处理美国运通卡的方式说明他是个混蛋。我花了一个小时才把电话打到他那儿。我告诉他，他在毁掉一个非凡的企业。其他人也得出了同样的结论，但我有胆量打电话告诉他。”

和他的很多同学不一样，帕克森回顾哈佛商学院的日子时，并没有多少怀恋。他感觉在他至今为止的职业生涯中，哈佛商学院并没有教他多少后来有用的技能。他也非常厌恶哈佛商学院及其毕业生经常表现出来的自大情绪。他拥有人们通常所认为的极为优越的生活。他是自己的老板，并在很大程度上控制着自己的生活。他不必面对官僚体制，或是企业内部的政治壁垒。而在大多数情况下，他都在做他自己喜欢的事情。就此而言，他的付出得到了丰厚的回报。如果帕克森能够在接下来的 18 年里，以接近过去 18 年的速度持续增加他的净值，他将成为一个异常富有的人。

*

公众对世界上像帕克森这样的人的复杂情感和人们对资本主义整体的复杂情感是直接相关的。世界上的大多数人今天愿意拥抱这个经济体系，是因为它似乎看起来运行得相当不错，也因为目前看起来并不存在一个更为有效的替代选择。资本主义最有竞争力的对立模型——商业上的国家所有制，看起来仿佛是失败了的 20 世纪巨型实验。但尽管资本主义“胜利”了，这个世界的大部分人并不接受它的大部分意识形态，也不接受它的一些具体表现形式。金融交易员就在这些争议的核心。

对资本主义饱含热情的人倾向于相信市场和交易员的经济协

同作用。但仍然有许多人对通过经理人和管理层级，或是通过领导者和共同愿景所实现的经济协同，持怀疑态度。他们提醒我们，管理层级的核心本质会鼓励高管们去筑造自己的巢穴，而非为效率、股东、客户考虑，或是为雇员担忧。他们也很快指出，共同愿景也是创立邪教的极端分子所惯常使用的工具。从另一个方面来说，市场和交易员倾向于打散经济决策的制定过程，并同时将决策权力交到掌握了最相关资讯的人手中。被分散的权力更不容易被滥用。市场也不通过无私的动机来运行。正如亚当·斯密的那个著名的例子中所说的，屠夫并不是因为善心而为人们提供肉的，他是为了赚钱才给人们提供肉的。[2]市场负责关心剩下的一切。

几个世纪以来，人们带着各种各样的理由来看待市场意识形态。首先，找到市场确实过度放任了权力的案例并不困难，尤其在供不应求的情况下，市场也因此而失灵。但在更本质的情况下，大多数人对卖家只关心自己金钱收入的情况，并不觉得舒服。我们并不想看到，屠夫认真地对比卫生设施的支出和消费者吃了污染的猪肉后导致的法律诉讼风险或是生意流失之间孰轻孰重。我们担心一个屠夫如果只在乎钱，在货品极端紧缺的情况下，他会将他所有的肉都以高价卖给有钱人，而让我们没有东西可吃。当这个逻辑放到20世纪后期的金融交易员身上的时候，人们的顾虑则是，这些人有时候会创造出并不反映其他人或是社会最大利益的交易。而且，和屠夫不一样的是，通过在巨额交易中获得一个很小的百分比，交易员可以获得巨大的收入。

这些顾虑传播得有多广？其合理性又有多高？花一点时间，考虑一下以下的测试情况。1974 届哈佛商学院 MBA 毕业生中的 115 名学生，被要求描述他们从 1974 年到 1991 年最大的职业成就。为了提供清晰的细节，让这些内容在风格和篇幅上更统一，并减少明显夸大其词的情况，我对他们的描述进行了编辑。5 名哈佛商学院 MBA 在读学生和 2 名哈佛肯尼迪政府学院的研究生接下来都被分发了这 115 份文件（一份 45 页的文件），并被问了两个问题：（1）案例中的每一个人最大的商业成就对社会的贡献有多大？（2）如果你拥有分配收入的权力的话，你会允许每个人获得多少收入？

这个小测试实际上发生在 1993 年的春天。这 7 名学生每个人都花了大概 8 个小时回答所有的问题，并就每道题的答案提供了他们的思考逻辑。正如你能预料的那样，他们给出了各种不同的观点，不过这背后用以打分的潜在逻辑是一致的：描述中的“最大的商业成就”越是能对顾客（更多或更好的产品和服务）、雇员（更多和更好的工作）、股东（对他们的投资而言更好的收益）和社区（更多纳税额、更好的环境）有用，他们所做的社会贡献和所应得的收入分数就越高。[①] 结果是，学生们对这些答案基本上有一个集中的倾向性，所有回答的整体模式也非常有意思。

在 −10 分到 +10 分的量表上，115 份答卷中只有 1 份的平均社会贡献分数为负数，而且小于 0 的部分数值极小（−0.10）。一

① 社会贡献和值得的收入的分数之间的相关系数是 +0.723。——作者注

个典型的 1974 届 MBA 班级成员可以获得 +3.05 分。事实上，肯尼迪政府学院的学生并没有在社会贡献分数上给出比哈佛商学院的学生更低的分数。这表明，这些分数结果并没有因为一组富有同情心的评判者而产生不能反映客观现实的偏向性。

鉴于这些结果与金融交易员相关，需要结合以下的背景来审视这些结果。在 1991 年的时候，组内的交易员们比他们的同学获得了更多的收入：交易员们的收入中位数是 28 万美元，相比之下，其他人是 16 万美元。他们也拥有了更高的个人资产净值：交易员们的财富中位数是 150 万美元，其他人则是 87 万美元。考虑到这些事实，1993 届学生们的观点就很有意思了。在校生们给金融交易员的社会贡献分数比给其他 1974 届同学们的要低一些。从 –10 分到 +10 分的范围里，金融交易员得到的平均分是 2.04 分，其他人的平均分则是 3.48 分（见图 7.1）。平均下来，学生们给金融交易员的建议收入也比给其他人的要低：130 298 美元对比 175 714 美元（见图 7.2）。

如果我们关注金融交易员和领导者之间的差异，以及最高分与最低分之间的差异，这个测试的结果就显得更有戏剧性了。在社会贡献分最低的 10% 里，交易员和领导者之间的数量对比近乎是 4 比 1。但在得分最高的 10% 里，比例正好反过来，领导者以 4 比 1 的压倒性占比获胜。①

---

① 在获得了低社会贡献分数的领导者中，包括两位被认为构建了给他们自己带来更多好处而几乎对别人没什么好处的人，还有一位则是被认为卷入了可疑的商业操作。——作者注

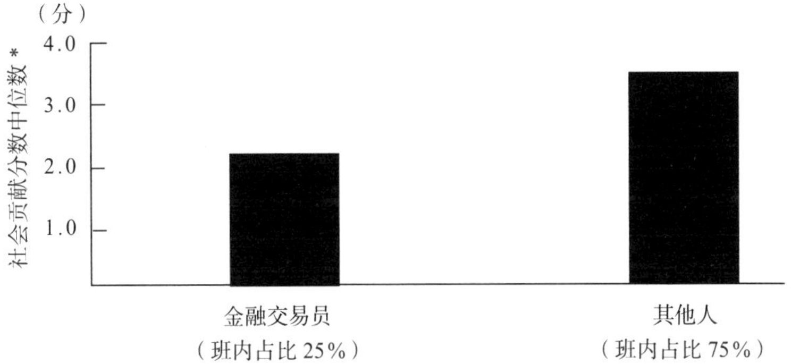

图7.1　社会贡献：金融交易员对其他所有人

*社会贡献分数是由5名1993届哈佛商学院MBA学生和2名1993届哈佛肯尼迪政府学院研究生所组成的评委会给出的。

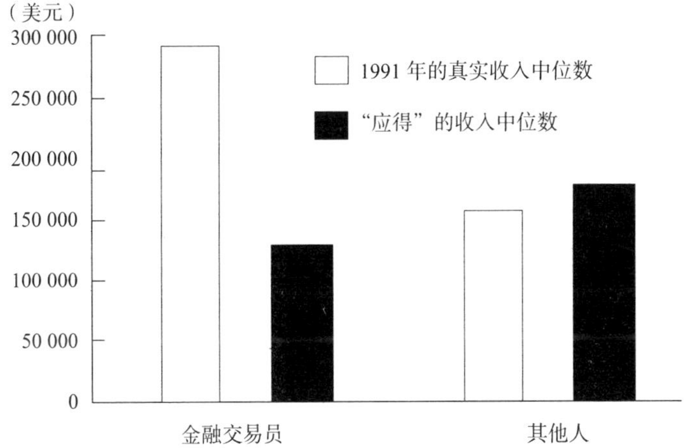

图7.2　真实收入对“应得”收入

“应得”的收入是由5名1993届哈佛商学院MBA学生和2名1993届哈佛肯尼迪政府学院研究生所组成的评委会给出的。

在看图 7.1 和图 7.2 中的统计数据时，有两个重点是需要警惕的。第一，许多因素都有可能扭曲这些数字。[①] 第二，并不是所有的金融交易员都在社会贡献分和应得收入上获得了低分。那些行为看起来能清晰地让企业变得更有竞争力，或是帮助企业将增长目标联系起来的人，往往能得到更好的评价。一个通过收购公司而构建了规模相当大的成功企业的交易员，实际上是得到了较高社会贡献分的。但交易员们的得分被其中大概 1/3 的人拖累了，这群人占到整个 1974 届毕业生中的 8%，他们被认定几乎没有做出什么社会贡献，却获得了相当高的工资。[②] 在哈佛商学院 1974 届学生中，没有任何其他可以识别出来的子群组得分的差异性比他们更明显。在这个测试中，顾问群体也被认为得到的薪酬过高，但和交易员的收入相比，只超出了一小部分。顾问的社会贡献分也明显高得多。班级里经济上最不成功的群体也被打上了低社会贡献分，但他们比较有限的收入被认为是合理地反映了他们的贡献度。一小部分金融交易员在这其中就凸显出来了——正如你可能会说的那样，相当刺眼。

*

一定程度上，对交易撮合者们的担忧，是被嫉妒和对他们的

① 举例来说，或许有一些关于金融交易员的事件，让他们相较于他们的同学，更不擅长在对他人有什么贡献方面解释他们的最大商业成就。——作者注

② 这群人在测试中，在社会贡献分方面的得分和整体均值持平。——作者注

工作缺乏了解的情况所驱动的。我的经验是，一个人越理解第三经济阶段的本质，以及交易员们在其中所扮演的角色，他就越不会对自己的收入感到不悦，且对金融交易员们也就不会抱有那么强烈的批判态度。而且，人们越是亲眼见过交易员们如何帮助企业变得更有竞争力，或是见过他们如何捐赠大笔资金给慈善组织，对他们的评价就会越友好。

然而，很有意思的是，有时候这些批判的言语甚至是来自交易员自身。1987 年，沃伦 · 托林豪斯（Warren Tolinghouse）写道："我已经实现了我在职业生涯中从金钱层面渴望的事情。但我在寻找有价值的工作的过程中失败了。我做的很多事情看起来并没有多大的重要性或价值。一开始，早在 20 世纪 70 年代的时候，仅仅是做交易，做好交易，把交易越做越大的挑战，对我来说就非常让我自己激动，也非常有意义。现在不再是这样了。有时候，我会思考如果我们没有大量错配的资源会怎么样。这是一个非常令人沮丧的想法。"

大多数交易员听起来并不会像托林豪斯一样。大多数人觉得他们是参与到了非常重要的活动中，他们还会使用亚当 · 斯密的逻辑和经济学理论来将这些行为合理化。"如果我没有为其他人提供价值的话，"有个人这么表示，"我不会得到这么多的生意，并因此获得高收入。"在这个方面，他们的态度和班里的一般人有所差异，但也仅仅是程度上的差别。基本上这 115 个 MBA 都相信市场。但交易员中的一些人，甚至将市场的意识形态视若宗教。基本上，这批 MBA 毕业生中的所有人都十分喜欢竞争，但部分交易员称得上是非常热衷于竞争。[3] 这些程度上的差异仍然十分重要，因为这些差异有时候可能会导致截然不同的举动。

人们经常理所当然地认为中央大街①上的许多人都相信美国和整个世界的金融系统存在问题。人们也经常认为，来自精英学校的 MBA 们会认为这个系统也还好、没什么问题，很大程度上是因为这套系统有利于他们的个人利益。前者或许是对的，但后者不尽然。1974 届哈佛商学院 MBA 毕业生和 1993 届在校生，包括一些交易员自身，同样对金融市场的运营规律持保留态度。他们担心有些交易没有服务任何有用的社会目标，没有增加价值，而仅仅是为了让一小部分人富起来。② 对有些交易实际上降低了企业的竞争力和金融交易职业浪费了过多的人才这些方面，他们都有所担忧。③

---

① 中央大街（Main Street），常用来指代散户、雇员、主流经济中的人们，一般用来和华尔街机构投资者们的行为形成对立反差。——译者注

② 就连罗伯茨也认为无用的交易是存在的。但他表示 99% 的情况并不是如此。他的一些非交易员的同学则认为对社会有害的交易反而更为常见。——作者注

③ 罗伯茨的成功故事，以及其他一些像他这样的人的成功故事，对其他精英大学都有明显的影响。一大群非常有才华的年轻人在计划未来的时候，看到了投资银行业。举例说明，据称有 40% 的耶鲁大学 1986 届学生申请了同一家投资银行第一波士顿的职位。[4] 最近在哈佛商学院，远超过一半的学生在考虑类似的职业路径。投资银行至少从 20 世纪 70 年代早期开始就十分受欢迎了。但人们对这个行业的兴趣在这 10 年里大幅增长了。我在 1993 年所教过的一群 MBA 学生中，几乎没有多少学生不曾在某个时间点上认真地考虑过投资银行是否对他们而言是最好的职业方向。——作者注

在一个 1991 年的访谈里，约翰·哈格蒂（John Haggerty）对我说："我们班里有些人在过去的 10 年里曾经做过一些他们应该为之感到羞耻的交易，我对这些人的行为感到非常愤怒。我觉得简直难以置信，我们曾经坐在同样的教室里，却学到了完全不同的东西。通过操纵数字和预测来合理化几乎任何金融操作，或是将任何财务结果合理化的方式，是错误的。我见过极端贪婪的表现。有的人看起来对被他们颠覆了的那些人生或因为他们的行为而造成的那些代价，毫无顾虑。现在，我们剩下的人不得不来收拾残局。或许在资本主义的体系里，这样的行为是无可避免的。但如果做出那些不负责任的行为的人来自像哈佛大学这样的知名院校，有着高等学历，那这里必然有什么事情不太对劲。"

哈格蒂的绝大多数同学都希望对社会做出贡献，而且他们认为自己正在通过工作来实现这一点。[①] 通过提供人们所需的产品和服务，雇用他人，支付税赋，构建企业，带领企业转型，帮助资助创业企业，以及为经济组织提供领导力，他们觉得自己是在为社会提供真实的价值。尽管有些人或许在他们所做出贡献的规模上有些自欺欺人——我怀疑大多数人在这方面都会有点自欺欺人。[②] 他们所有人几乎都认为，如果钱是他们唯一的目标，他们可

① 他们几乎没有在公民、政治、非营利或宗教活动中花任何时间。他们专注于工作、家庭和他们自己。——作者注

② 精确地度量社会贡献和他们通过工作所创造的价值是一个不可能完成的任务。我在这里得出的结论是基于长期大量信息收集后得出的判断。——作者注

以拥有更高的收入，但钱并不是他们唯一的目标，他们也希望拥有快乐的家庭生活——这点他们大多数人都认为自己做到了，而且他们希望在自己的职业生涯中做点有用的事情。当其他人控诉他们只在乎钱，且没做出什么社会贡献的时候——通常是因为有人利用市场和制度缺陷获利，而导致了负面报道，这种时候他们就会非常恼怒。

1974届哈佛商学院MBA毕业生中不少人都在这个事情上有很强烈的情绪。他们认为有一小部分交易撮合者严重地伤害了这个社群。

新规则6

今天的全球市场环境为金融导向的交易撮合者提供了大量的机会。这里的新规则是：只要你能达成交易，就放手去做。但是千万要小心，有些机会除了对交易撮合者本人，不是对任何人都是最有利的。因为有些人会从社会价值存疑的可能性上获利，而公众舆论目前对金融交易员整体（以及不那么强烈地对所有商业人士）持怀疑和不满的态度。

3

夯实基础

第 8 章

新规则 7：自我驱动力

除非你是一个非常幸运的人，不然若是不知道今天的机会藏在哪里，你就不可能在工作上获得成功。但正如新机遇的重要程度一样，人们对新机遇的认识显然不足。成功实现一段作为创业者、顾问、领导者或交易员的职业生涯对个人的心智及态度都有一些特定的要求。在这些方面，我再一次发现，1974 届哈佛商学院 MBA 毕业生的经历非常具有建设性。

*

斯坦·罗伯茨、凯文·约翰逊，还有他们的大多数同学都出生在 1944 年到 1950 年之间。[①] 他们都处于一个在接下来超过 40 年

① 他们中出生于 1940 年的 2 人，出生于 1941 年的 1 人，出生于 1942 年的 1 人，出生于 1943 年的 5 人，出生于 1944 年的 10 人，出生于 1945 年的 11 人，出生于 1946 年的 23 人，出生于 1947 年的 11 人，出生于 1948 年的 18 人，出生于 1949 年的 17 人，出生于 1950 年的 15 人，出生于 1951 年的 1 人。——作者注

的时间里改变了各种事情的人口结构变化浪潮的风口浪尖。人口数量的暴增在20世纪50年代推动了成千上万的新小学、中学的建立。20世纪60年代，这些人又推动了大量学院和综合性大学的扩张。1968年，他们对越南战争的抵触导致林登·约翰逊没能拿下第二个完整的总统任期。这个事件也帮助理查德·尼克松最终获选总统，并且就在这115名MBA在商学院学习了2个月后，他也因为丑闻而不得不辞职。

从各种方面来说，这群人比大众常见的刻板印象要多元化得多。[①] 约翰·弗罗吉克（John Vrojic）是一个游泳冠军，他在年轻的时候曾经花了几千个小时为比赛而训练。比尔·弗雷泽（Bill Frazer）从来没有认真地参与过任何体育活动，甚至经常觉得运动员是略低人一等的生物种类。鲍勃·克鲁格（Bob Kruger）在成长的过程中，和他父亲的关系非常亲近，直到现在他们还经常见面，并显然非常享受彼此的陪伴。卡尔·托马斯（Carl Thomas）则很难在不愤怒的情况下谈起他的父亲。托尼·米歇尔斯（Tony Michels）曾经参加过越战，他对他的军队服役经历非常自豪，直到今天都是。鲁道夫·沃格勒（Rudolf Vogler）留了披肩长发，且在1969年和1970年参加过大量的反战抗议游行。这届学生中的大多数人都严守传统，但也有一个学生最后成了职业喜剧人。他们中的一些人的外表看起来像是会被选角导演派到电影棚里的典型的“成

① 在一些维度上他们十分同质化，大多数都是男性（93%）、白人（94%）、美国人（85%）。——作者注

功的生意人”。但至少有 10% 的人——甚至可能更多——看起来远远不像是我们刻板印象里的 MBA。他们有高有矮，有帅的，有不那么帅的，有的喜欢复杂，有的喜欢简单。但在这些差异之外，他们在许多方面确实是相似的。而这些共同点在 1972 年将他们带到了哈佛商学院。

正如大多从顶级大学获得了研究生教育机会的人那样，他们当中的大多数人在整体较为良好的经济环境中度过了童年。① 半数人成长于中上阶层家庭中；只有 13% 来自中下阶层；不到 1% 的人的父母属于更低的阶层。[1] 1960 年，45% 的美国家庭年收入超过 6 000 美元，[2] 而在这些 MBA 当中，这个比例高达 85%。同样的模式在正式的学校教育中也存在。不到 10% 的美国人上过大学或得到过更好的教育，而 1974 届哈佛商学院 MBA 的父亲们中，这个比例是 56%。[3] 在职业方面，相较于 1960 年的普通职场人士，他们的父亲更有可能成为经理或从事专业职业。[4]

在大多数人那里，一个家庭是一代代慢慢富裕起来的。工作、收入水平，以及父母的教育背景都要优于他们的祖父母。一位典型的祖父获得的正式教育时间为 12 年，而一个典型的父亲则是 15 年。在资产上，在 60 岁的时候，平均下来，他们的父母的资产净值一般是他们的祖父母的 3 倍。[5] 他们中的许多家庭，从中产阶级上升到了中上阶层。大约有 70% 的人在某些方面可以称为完成了

① 想要了解关于他们的社会经济起源的更多信息，见本章文后注释 1—5。——作者注

向上流动。

与向上流动能力及奋斗相关的态度看起来从父母辈传承到了1974届的学生身上。全国民意研究委员会曾经在全美范围内调研过在13个因素中“你在童年的时候最渴望什么”。我使用同样的体系调研了1974届的哈佛商学院MBA毕业生的父母在其中最强调哪些因素。全民调研结果和1974届哈佛商学院MBA毕业生们的调研结果中的一些差异，展示出了这群人的一些相似性。差异最大的有两点：1974届哈佛商学院MBA毕业生的父母对于“努力尝试获得成功”和“成为一个好学生”更为重视（见表8.1）。他们还在其他的一些方面不那么看重，比如服从父母、关心他人，以及自我控制。这样的价值环境可能催生出非常以自我为中心的个体，但这样的环境也可能创造出高度自我驱动且愿意挑战游戏规则的人。

父母的价值观似乎在他们大多数人的一生中都有着强大的影响力。将近一半人表示，他们的父亲“非常有影响力”。对他们的母亲也有同样表述的人略少于此。大多数人还表示，他们的父亲对他们而言是重要的榜样。[①]

亲子关系的本质和用来传递价值观的方式，在这一组人中也是有差异的。在一些案例中，父母是典型的人生榜样。通过观察他们是如何努力工作、精益求精的，以及通过向他们靠拢，孩子们学会了“努力尝试获得成功”。在另外一些案例中，父母们给孩

① 53%的人表示父亲是重要的榜样。来自中上阶层的班级成员比来自中产阶级的班级成员更有可能将他们的父亲作为人生榜样来尊重。——作者注

表 8.1 父母所强调的价值观排序

	1974 届 MBA	美国人口样本（1972—1982 年）*
诚实	1	1
负责任	2	4
做一名好学生	3	12
为成功努力	4	9
理智、判断力强	5	2
遵从父母	6	3
讲礼貌	7	6
体谅他人	8	5
保持干净、整洁	9	11
有自制力	10	7
对事物发生的方法和原因感兴趣	11	8
与其他孩子相处融洽	12	10
表现得像个男子汉（如果是男孩）或像个女孩（如果是女孩）	13	13

* 数据来自全国民意研究委员会（NORC）关于“人们希望孩子具有什么样的特质”的调查。参见 115–118 in *General Social Surveys*, 1972—1982: Cumulative Codebook, pro-duced by National Opinion Research Center, University of Chicago。

子们激进地设置了有难度的目标，并和他们一同参与竞争。“我父亲从来没有高兴过，”班里的一个学生表示，“我做的任何事情都不对。事情总该被做得更好。我高中一年级在校队比赛里拿了 10 分，而他的评价是‘为什么只有 10 分’。”在另外一些案例中，财务独立的价值观被以更直接的方式带到了家中。一名班级成员 8

岁的时候，他的父亲将他带到了父亲上班的工厂中。“他想给我展示一下，他每天不得不在那里工作一整天的地方是什么样的，这样我就永远不会想像他一样了。他传递的信息很清晰：在这样脏乱差的环境中工作，非常糟糕。”

尽管 1974 届哈佛商学院 MBA 表示，他们在很多方面和他们的父母是类似的，你还是可以轻易地识别出他们之间的代际差异。经历了大萧条时期和第二次世界大战，他们的父母辈多少对市场、竞争和广泛且开放的资本主义感到心力交瘁，同时对政府和官僚主义整体较为乐观。1974 届学生们所经历的对应阶段是 20 世纪 50 年代的人口增长和越南战争，这些时代记忆给他们留下了和其父辈相反的倾向性。年轻一代一般将“二战”之后的经济良好时期看作市场或竞争的产物，而将越南战争和水门事件视为权力集中化的灾难性结果。相应的结果是，父母们经常表现出可以被标记为“爱国”的行为——他们购买别克汽车，因为它们是优质的美国轿车；他们的孩子则表现得更“以自我为中心”——他们购买本田汽车，同时自信地认为，竞争会使底特律变得更好。

另外一个代际差异影响人们行为的情况体现在安全感上。正如比尔 · 温莎（Bill Windsor）在 1992 年的一次访谈中提到的：“我父亲是典型的传统 IBM 或通用汽车中的企业经理人，他们通常会希望在所在企业度过整个职场生涯，他们也正是这么做的。或许他是一个大萧条时期的受害者，他经常讲要有安全感，而且强调要为一个‘好’公司工作（这里‘好’的定义是一家成功而知名的美国大公司）。我在很多方面和我的父亲都相似，但在这个方面，我们完全不一样。安全感对我来说是不重要的东西。”

安全感对于这届学生中的几乎所有人来说都不怎么重要。[①] 达到高标准、竞争以及胜利，对他们而言才是重要的。

*

艾伦·马丁（Alan Martin）的背景相当典型。他的祖父是一位农民，他的外祖父是一名销售人员。艾伦的父亲在职业上的成就比他们两人都高。马丁先生接受过高等教育，并在一家广告公司工作。在马丁的童年，他的父亲是一位薪资几乎高于国民平均收入 2 倍的客户经理。他的母亲也上过几年大学，并且直到艾伦——家里的第一个孩子——出生前都在工作。对艾伦成长过程而言很重要的一件事是，家里共同的态度是，他必须保持这个向上流动的传统。和他的父亲获得同样的教育和职业路径是不足够的，家里人对他的预期要远高于此。“这个想法既是潜移默化的，也被通过比较直接的方式传递给了我，”艾伦在 1979 年的一次访谈中提到，“这个理念的传递过程一部分是我父亲作为一个范式，或者说榜样，以身作则。另一部分则是通过我母亲对成绩单的反

① 更多近期的哈佛商学院 MBA 填写了蒂姆·巴特勒教授编写的名为“管理和职业奖励价值档案”的调查。在 1 分（最低）到 12 分（最高）的阶梯上，对这些 MBA 学生而言，“安全感”的平均得分不到 2 分！——作者注

应来传达。这其中隐含的思想是，我们能获得我们所拥有的一切，已经是幸运的了，所以我们不能满足于仅仅维持这样的现状。既然我在成长的过程中，比我的父母享受了更多的优待，我就应该实现更大的成就。到我上初中的时候，他们对待我和我弟弟的方式就不太一样了，因为我表现得要更聪明一些。他们希望我们两个都尽最大的努力去奋斗，但既然我更有潜力，那他们对我的预期就会更高。”

艾伦·马丁

商业经历

洛杉矶第一国家银行

◎ 资本市场高级副总裁（1990—1993 年）

◎ 资本市场副总裁（1982—1990 年）

加利福尼亚州洛杉矶 P & S 超市

◎ 财务副总裁（1980—1982 年）

◎ 财务主管（1978—1980 年）

◎ 财务经理（1977—1978 年）

洛杉矶第一国家银行

◎ 信贷员助理（1975—1977 年）

◎ 实习生（1974 年）

马萨诸塞州波士顿第一食品店

◎ 金融分析师（1970—1972 年）

教育经历

哈佛商学院　马萨诸塞州，波士顿

MBA，1974 年

哥伦比亚大学　纽约州，纽约市

工商管理学士，1970 年

个人经历

背景：出生于 1948 年，在康涅狄格州长大，有一个弟弟，父亲在一家广告公司工作，母亲没有外出工作

婚姻状况：1978 年与芭芭拉 · 卡洛韦结婚（大型零售企业总经理），有两个孩子

1992 年，在试图解析他事业上的成功的时候，艾伦谈到了许多因素，包括运气。但在所有因素中，他认为起到关键作用的是

他父母的高标准、理想和野心。“我是一个认定了一件事就要干到底的人。”他板着脸说道。而他的妻子在旁边大笑着给我们讲了一个他在一次不怎么重要的高尔夫球巡回赛中屈居第三后，在树边打折了4根高尔夫球杆的故事。“我并不能完全理解这种思维方式都是从哪儿来的，但显然有部分和我的父母及他们养育我的方式有关。这一点是毋庸置疑的。”

向上流动的价值观通常来自父母，但并不仅限于父母。在戴维·韦伯（David Webber）的案例中，他的一位叔叔扮演了重要的角色。戴维在康涅狄格州出生并长大，是一个小生意人和他妻子的4个孩子中的长子。他的本科就读于艾奥瓦大学，在那里，他担任了学生组织的会长，还成了游泳队的一员。在他本科时光的夏天里，他通常会在一位叔叔创建的批发和贸易公司工作。“我去到纽约，以为他们会让我在仓库里工作，因为我才18岁。结果他们居然给了我一张去伦敦的飞机票。我很快就意识到，外面还有一个广阔且有趣的世界。”

从艾奥瓦大学毕业后，韦伯直接去了哈佛商学院。“我还记得我们的第一份会计作业。”他在1991年说，“我交了作业，然后拿了个D。作业的最后还有一行字，叫我去见教授。然后我进入了办公室，教授问我本科学的专业是什么。我告诉他我学的是哲学。他告诉我，我的作业是一份很好的哲学作业。然后我问他，他是否想改一下给我打的分。他说：‘很抱歉，这是会计课，不是哲学课。你对这些概念完全理解错了。’我想：‘我又怎么可能知道这些呢？’我们才刚刚开学三周。他说：‘你看，如果我是你，我可能会好好考虑一下是否要退出这个研究生项目，因为我认为你恐怕不能完成这个项目。’”这个事件是韦伯记忆中人生的最低点。

他没有退学，甚至没有认真考虑过这个可能性。在他研究生项目的第二年，韦伯确实严肃地考虑了他长远的职业选择，并最终决定回到他叔叔的项目上，但也带着一些顾虑。“当时，其他选择看起来远比这个低技术含量的小贸易生意要炫目多了。而且我的叔叔并没有给出任何保证。他很明确地表示，他并不是在经营一项‘家族生意’。如果你没有办法有好的表现，你就可以出局了。”

韦伯的后哈佛商学院职业生涯始于他叔叔公司办公室里的一个助理职位。随后，他花了几年时间飞往世界各地，尝试为公司找到新增的市场，以及新的供货源。在远东——韩国、日本和中国，他帮公司设立了几个新的办公室。在非洲和拉丁美洲，他帮忙完成了几单重要的生意合作。这些历程都具有异国情调，令人充满激情，同时又非常有教育意义。公司业务的全球化带来了一些新的风险，但也带来了新的机遇。

到 1977 年，韦伯已经充分地证明了自己，并且成了公司的副总裁。1978 年，他承担起了公司其中一个部门的责任，并开始领导 50 名员工。1980 年，在公司最重要的生意遭遇了冲击之后，他在很短的时间内，为公司找到了新的收入来源——“这是一个非常狂野但令人振奋的经历”。1981 年，他成为公司的高级副总裁，并开始参加帆船比赛。1983 年，他被任命为公司的二号人物。1984

年，他成为公司总裁，并获得了相当比例的股权。同年他还结了婚（和班里其他的成功人士一样，韦伯选择推迟了组建家庭的时间，直到他在事业上明确地获得了成功以后才结婚）。1986 年，他额外被赋予了 CEO 的职务，并成为父亲（见下文的履历）。

戴维·韦伯

职业经历

伯林格实业公司

◎ 总裁兼首席执行官（1986—1993 年）

◎ 总裁（1984—1986 年）

◎ 首席运营官（1983—1984 年）

◎ 高级副总裁（1981—1983 年）

◎ 副总裁兼欧洲业务主管（1978—1981 年）

◎ 贸易商（1975—1977 年）

◎ 实习生（1974 年）

教育经历

哈佛商学院　马萨诸塞州，波士顿

MBA（1974 年）

艾奥瓦大学

哲学学士（1972 年），学生会主席

个人经历

背景：出生于 1946 年，在康涅狄格州长大，家中有 4 个孩子，他是年龄最大的一个，父亲拥有一家小企业，母亲没有外出工作

婚姻状况：1984 年与露西·温加滕结婚，有 4 个孩子

语录

"无论我做什么，我都不打算趋向平庸。在我的职业生涯中，我想出名，我希望能够按照自己的选择生活。我不会满足于做一个好的中层管理者或副总裁，我要做的是总裁。"（1974 年）

在整个 20 世纪 80 年代，韦伯的生意扩展了不少，甚至开始在一些核心的批发和贸易商品方面发展自有的制造能力。当其他公司遇到大麻烦的时候，韦伯的企业获得了 1 000% 的增长，从 1974 年的 5 800 万美元的营收发展到 1992 年的 6 亿美元。现在，这家公司是行业中全球较大的私有企业。

当被问到，他是如何在生意中获得如此显赫的成功时，韦伯首先讲到了他是如何与人相处的："我通常都愿意自己赚 49 分，然后让其他人赚 51 分。然后当他们又想做这个生意的时候，他们就会再来找你。"他也认为，他叔叔在他的成功中扮演了很重要的

角色。但在他看来，家族式的生意和它所暗示的特权并不是真正的原因："我的叔叔是非常有驱动力且非常专注的人。他在我的生命中变成重要的人是自我母亲在我高中的最后一年带着我们搬到他隔壁开始的。当时我的父亲刚刚过世，然后乔治叔叔开始花大量的时间来陪伴我们。他来的时候，我正准备去艾奥瓦大学上学。我的一个弟弟，正在为申请卡拉格学院做准备。我的妹妹也在为上大学做准备，她最终去了西密歇根大学。而我最小的弟弟在当时正有一些心理问题。随后的四五年里，我的叔叔成为我们生命中重要的一部分。我最终去了哈佛商学院，我的一个弟弟转学去了普林斯顿大学，我的妹妹转学去了安默斯特学院，而我最小的弟弟去了耶鲁大学。他对我们所有人的影响力令人震惊。我想，这就是一个信号灯的问题。"

实际上，生命中的信号灯对这 115 名参与者都非常重要。整体来说，这些信号灯所传递的信息其实很简单：你是人们期待着要获得成功的人。

*

想要获得成功的强动力只有在极少的情况下，才会在没有外界巩固的情况下在年轻人身上保持下来。对戴维·韦伯和他的同学来说，外界的力量通常来自父母或学校。他们的小学和中学教育的质量不一，家庭相对富裕的人一般能负担得起更好的教育。但整体来说，他们几乎都在正式的教育环境中都得到了很好的教导。

从很小的时候开始，他们就被放进了学业竞争中，且大多数时候他们都能获得胜利——月复一月，年复一年。到今天，杰里 · 波特斯（Jerry Portas）还记得，即便他并不是最聪明的学生，他还是能屡屡碾压他的同学们。到他上初中的时候，他和许多聪明的孩子在一个班里，但他还是能比他们中的不少人表现得更好。胜过他人能获得自信，这也成为他自我预期的一部分，甚至可能是他性格的一部分。

就像波特斯一样，这 115 名 MBA 毕业生中的大多数人在 18 岁以前就已经成功通过了大大小小的考试。到他们进入高中的时候，他们当中的几乎所有人都在特殊的班级里，接受比旁人更加有挑战性的教学。尽管有这样的竞争环境，他们通常也都能做得很好。几乎所有人离开家之后，都去了比较知名的学院或大学。[6] 尽管有这样激烈的竞争，几乎有一半人毕业的时候都是班里最优秀的 10%。[7] 在这一路上，他们学到了很多——有时候是因为他们内在的对学习的热爱，有时候是因为好的教育仅仅是在学校表现良好的产物。

无论是高中还是大学，他们当中的大多数人都参与了某种形式的课外活动，以拓展他们的能力。87% 的人都在某种社交或学术俱乐部中。像戴维 · 韦伯一样，他们中的大部分人都是学生会的一员，经常与他人竞争，并成功获得了各种各样的职位。他们当中超过一半的人都是校运动队成员；不少人都在年级手册 / 报纸的编纂委员会中，或是在音乐 / 戏剧团体中。[8] 多数时候，他们参与这些活动是因为他们擅长社交，喜欢集体活动，认为竞争十分有趣，并相信这样的活动能够帮助提升他们的履历。

学术上，他们当中极少有人会选择艰涩难懂或十分简单的课程。在学院里最受欢迎的专业一般都是某种形式上具有工程性质的。他们中 1/3 的人获得了工科学位，相较之下，同龄的本科生中只有 6% 的人获得了工科学位。另外有 18% 的人选择了经济专业——一个在当时仅有 2% 的本科生选择的专业。在这些学生中，选择人文历史专业的人非常少，且完全没有人选择一些不存在竞争，或是竞争难度非常低的专业。[①]

本科毕业之后，典型的 1974 届哈佛商学院 MBA 毕业生会先工作两年时间。其中有 1/3 的人加入了军队，这基本上可以说是越南战争的直接结果。而他们中几乎所有人都获得了某种指挥职位。

各种不同的原因使得商学院对他们产生了吸引力。因为他们在学校里表现良好，继续追求研究生教育可以算是一个理所当然的选择。尽管他们当中很少有人符合学者的要求，但在研究生入学测试 800 分的满分里，他们平均获得了 625 分——这组学生肯定是具有足够的分析能力的。他们中的大多数人也非常有野心，想要运营一家企业或某天成为百万富翁的想法并不罕见。他们显然十分喜欢在成功的商业职业生涯中可能得到的那些经济、权力

① 关于他们本科院校、成绩、课外活动及专业的更多数据，见本章文后注释 6—9。——作者注

和社会地位。①

哈佛商学院的申请表非常有深意。他们不但要求提供成绩单、课外活动的记录、工作经验，以及推荐信，他们还要求申请者针对大量申请问题提供长篇大论的回复：描述你的 3 个最突出的成就，并解释为什么你将它们视为你最突出的成就；哪些因素让你判定这个项目将会对你的职业生涯最有帮助；讨论一下管理岗位之外的职业和专业岗位，有哪些是你可能已经认真考虑过的；给你自己做一个透彻的评估，分析你觉得有哪些性格特点会成为你的优势，而哪些会是你的弱势；描述一个场景或职位，在其中，你认为你承担了什么责任，并告诉我们你从中学到了什么。有些人花了上百个小时，尝试写出能够被录取的回答。

当他们在 1972 年 9 月抵达波士顿的时候，只有极少数的人对于他们将要追求什么样的职业路径有一个清晰的愿景。但他们中的大多数人都拥有一个共同的梦想。[12] 他们中的一名成员是这么描述的："我希望在我的工作中获得成功——既是我自己眼中的成功，也是别人眼中的成功。成功就意味着金钱、社会地位、影响力，以及一份有趣的工作，这一切都能通过努力工作和有用的经济活动来实现。一段成功的职业生涯意味着竭尽全力运用我的技能和能力，但并不是花在一份会摧毁我的家庭生活或伤害他人的工作中。"除此之外，有些人还想积累大量的财富，许多人希望运

① 关于他们价值观、态度和 GMAT 成绩的更多统计数据，见本章文后注释 10—11。——作者注

营一个企业，还有一小部分人对于把世界变成一个更好的地方有很强的动力。在具体的方面，许多人对于什么样的行业或什么样的公司更适合他们并没有想法。但几乎所有人都有一个感觉：他们在一条正确的道路上。进入一个优秀的研究生院是他们希望持续在人生中获得胜利的历程中，赢下的又一场胜仗。

*

在他们的 MBA 项目经历中，他们普遍认为进入了一个智力具有高挑战性且竞争激烈的环境，是一段多年以后大多数人都表示比他们既往的受教育经历更艰难、更值得但没那么愉快的经历。[13] 在最初的几个月，他们都努力工作，试图掌握有时候看起来多得难以承受的学习材料。有些人每天学习到晚上 12 点或凌晨 1 点，还做不完他们所有的作业。他们从教师那儿获得的反馈或个人关注也非常少。有些人甚至认真地思考过他们是否能在这样的条件下熬过来。

特德·勒文特（Ted Levitt）在那一年教了这 115 名学生中一半人的市场营销必修课程。作为他所在领域里的一名专业创意人员、一位大师，勒文特于 1925 年出生在德国沃尔梅兹。他 1935 年来到了美国，并于 1951 年在俄亥俄州立大学获得了经济学博士学位，后于 1959 年加入了哈佛大学的教职工团队。作为一名讲师，他既严格，又令人心悦诚服。在 1972 年 9 月 14 日，他走进教室的时候，1974 届哈佛商学院 MBA 毕业生们第一次认识他——那也是该学期的第一天。蒂姆·博尼根（Tim Bonigan）是这么描述当时的场景的："他没有对他自己或课程做出任何介绍，直接盯着第三排的一个家伙，然后说：'霍德森先生，请你开始吧。'手足无措的杰里·霍德森（Jerry Hodson）开始尴尬地就我们这节课被要求看的案例发表想法。勒文特毫无怜悯地开始反驳他，指出了事实上的错误、逻辑上的不统一、没有被证实的假设，还有很多很多其他的问题。25 分钟后，霍德森坐在位子上冒冷汗，而我们剩下的人全部开始精神高度集中地听勒文特教授讲课。"

在接下来的 5 个月里，勒文特不断地敲打他们。他们通过彼此激烈的竞争，试图在勒文特眼中获得良好的表现，并因此彼此增益不少。勒文特在教授了他所认为的良好工作习惯之后，他开始专注于传导什么是"责任"。他持续问每个人，如果他们是案例中的经理人的话，他们会做什么，并不断把他们的决策可能会导致的结果再推回他们面前。他更多地通过引导而非推导的方式来教市场营销——在获得共性结论之前，先鼓励学生一次又一次地去观察、思考。他还教了许多在狭义的市场营销之外的东西。随着学生们越来越尊重他，他自己的信念或许也变得更加有影响力了。

在两年的时间内，1974 届哈佛商学院的 MBA 们总共上了 22 门课，并在勒文特之外得到了另外 21 位讲师的教导。有一部分人上了 C. 罗兰德·克里斯汀森（C. Roland Christensen）的课，他是一个在他自己的时代中，快速成为传奇的人。其他人还上了一些令人记忆深刻的老师的课程，比如鲍勃·安东尼（Bob Anthony）、托尼·阿索斯（Tony Athos）、约翰·麦克阿瑟（John McArthur）、威克·斯金纳（Wic Skinner）和保罗·瓦特（Paul Vatter）。这些人都是杰出的老师，就像勒文特一样，他们教授的不仅仅是狭义上的商业知识。

第二年的学习时光没那么紧张。对大多数人来说，这是一段用来决定职业生涯接下来要做什么的时光。在 1974 年的春天，他们平均参加了 10 场面试，拿到了 4 个职位，并随后拿到了在当时金额不菲的薪资——每年 1.8 万美元。他们在毕业的时候年纪在 23~34 岁。大约有一半的人都结婚了。许多人需要还贷款，但所有人都对未来充满了希望。

MBA 项目对这些人有什么影响很难判定。整体看来，这些影响是构建在他们原有的优势之上的。[14] 这些学生将新的知识加入他们的记忆银行中：关于市场营销和金融的信息，关于分析工具和理论框架，关于几十个不同的行业，不一而足。他们强化了一些技能领域：大胆设想的能力，将复杂问题拆解成关键因素，以及清楚地沟通、表达自己的思维。他们结识了一些潜在有用的泛泛之交和朋友：同学、教职工，以及一些经常访问哈佛校园的商业高管。他们强化了自己对市场和竞争功效的信仰。这个项目的课程所传达的单一最重要的潜在信息或许就是市场和竞争是好事。他们也获得了哈佛的盖章认证，并因此而获得了接触到比先前更多的工作和公司的途径。企业将哈佛商学院的毕业文凭视为这些人拥有如高智商或高驱动力之类的特质的一个信号。[15]

不过总体来说，他们在成长中获得了更多的自信。他们在严苛的环境里得到了历练，并且他们的结果还行。他们中的部分人对竞争的恐惧在 MBA 项目开始的几个月后消失了。经验告诉他们，他们有能力应对压力及许多艰难的需求。正如汤姆·韦尔斯（Tom Wells）在 1979 年的访谈中提到的那样："在你去了那样的一个地方并且存活下来了以后，这个世界看起来就没那么复杂了，而且机会看起来也没那么有风险或那么艰难了。个人的抱负在我看来可能就有点微不足道了。你会告诉你自己，如果我在这么艰难的情况下都熬过来了，那么或许一切皆有可能。"

*

在某个层面上，他们的人生经历为他们应对 1973 年后的经济环境所做的准备十分不充分。他们是在一个几乎称得上稳步增长的环境中长大的。他们对于艰难的经济环境没有多少直接的认知。出于非常好理解的原因，他们的小学、中学和本科学习都在关注过去而非未来。过去是已知的、可以被研究的，也因此是可以被教导的。而未来是混沌的、有争议的，也因此是难以被研究的。即便是哈佛商学院，在指导他们认知持续增长的机会领域方面，所做的也甚少：包括小型企业、创业家精神、领导力，以及像咨询行业这样的非制造业领域。MBA 项目更专注于过去已经成为机会来源的领域：即大型工业企业的职业管理。

尽管存在以上种种情况，但从更为本质的角度来说，他们的早期生活经历实际上还是在他们工作的方式上帮助他们为应对现在的经济形势做了一些准备。目前经济环境的核心特质是全球化，而这些人都成了强有力的竞争者。

从他们人生的早期岁月开始，他们的经历就教会了他们中的大多数人，竞争是好事，且是有意思的事情。这点在学业上、运动中，还有学生会那里，都得到了证实。随着时间的推移，他们对高竞争场景越来越自信，更愿意设置高目标，并承担风险。在意识和前意识（preconscious）的层面，他们对竞争性的系统是合适且公正的信念是持拥抱态度的。20 世纪 60 年代后期的文化运动挑战并改造了这些信念更极端的版本。但对这些 MBA 毕业生中的大多数人来说，嬉皮时代并没有从本质上改变他们对竞争的信仰。如果说这个时代确实有一些影响的话，那应该是水门事件和越南战争强化了他们对大型中心化官僚体制的怀疑态度。

从他们的生命之初，他们就开始发展能够有效竞争的个人资产。这个资产名录很长：健康的身体、聪慧的头脑、踏实的教育、有用的人生榜样、各种各样的人生成就记录、许多潜在的有用的朋友和泛泛之交，以及自信。他们的父母和教育者在这些方面都起到了很大的帮助作用。父母教他们试着去赢，并给了他们在竞争中有价值的工具。学校体系将他们放进了无穷无尽的竞争活动中，并给予胜者认可，以及通往更好教育机会的路。截至 1974 年的春天，他们的银行账户几乎都是空的，但他们的人力资本账户已经满到溢出来了。

竞争驱动力和个人资产相结合，帮助这些人拥有了在动荡的

1973 年后的经济环境中定位高利润机会的能力，有了发展利用这些机会所需要的技能的能力，也因此能够获胜。很少有人会认为第三经济阶段是个简单的时期。但他们的自信心、决心和竞争驱动力在应对工作内外的失败时，帮了他们不少。那些可能让其他人停滞不前的因素，并没能阻碍他们中的大多数人。对于这届学生中最成功的人来说，尤为如此。

这 115 名 MBA 毕业生中，基本没有人给自己设下了较低的目标，或是对于实现这些目标打不起精神。但部分人显然比其他人更有竞争力。而那些既设定了高标准，又更想要赢的人，则比他们的同学在经济上的表现要更好（见图 8.1）。[16] 确实，在我收集了相关信息的 200 个性格和背景因素中，包括童年所处的社会经济阶层 [17] 和智商 [18] 在内，没有任何一个因素和收入差异之间的相关性，比竞争驱动力更强（见图 8.2 和图 8.3）。平均而言，那些更有野心且对实现目标有更强欲望的人，相较于他们的同侪，对他们的职业生活更为满意。①

尽管转向一个更像第二经济阶段的新经济时代可能会改变图 8.1 中所展示的关系，但这样的改变在可预见的未来是不太可能出现的。[19] 基于我从这项研究和其他研究中所看到的一切，至少在最近的一段时间内，竞争驱动力在个人的经济成功上仍将扮演一个重要的角色。

---

① 在 1990 年和 1991 年对工作最不满意的班级成员中，“好胜”的成员以 4 ∶ 1 的比例超过“非常好胜”的成员。在那些对工作最满意的成员中，两组成员的人数是一致的。——作者注

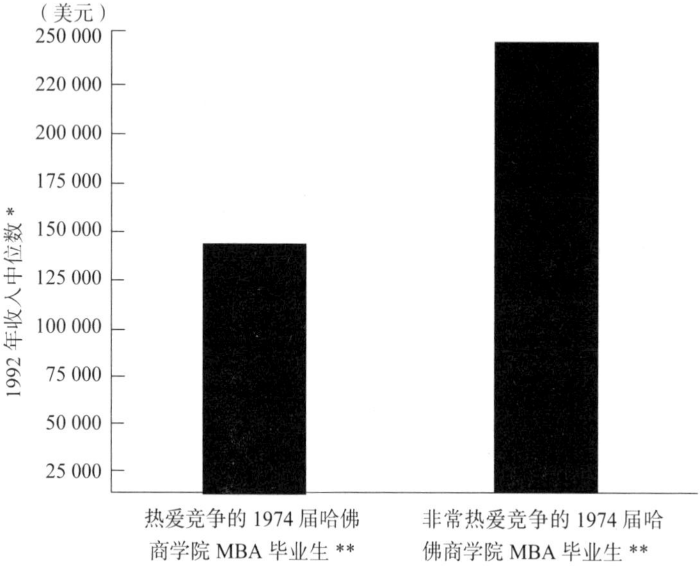

图 8.1 竞争驱动力和 1992 年收入中位数

* 包括创业者的分红及股权收益。

** 基于 1973 年对 115 名参与者中的 59 人所做的心理学测试结果。

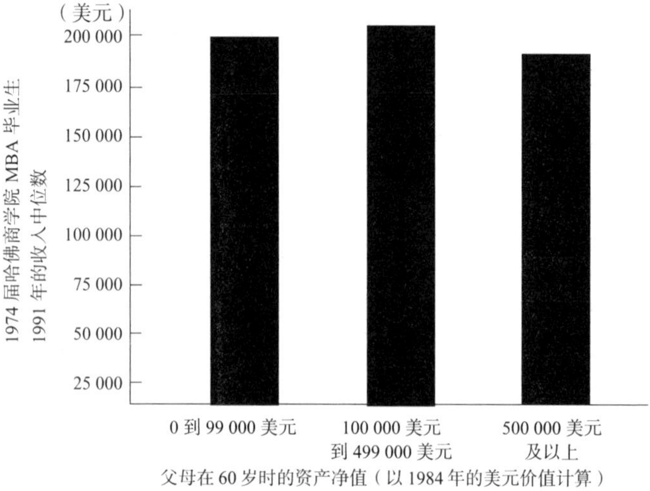

图 8.2 父母的富裕程度和 1974 届哈佛商学院 MBA 毕业生 1991 年收入中位数

注：包括创业者的分红及股权收益。

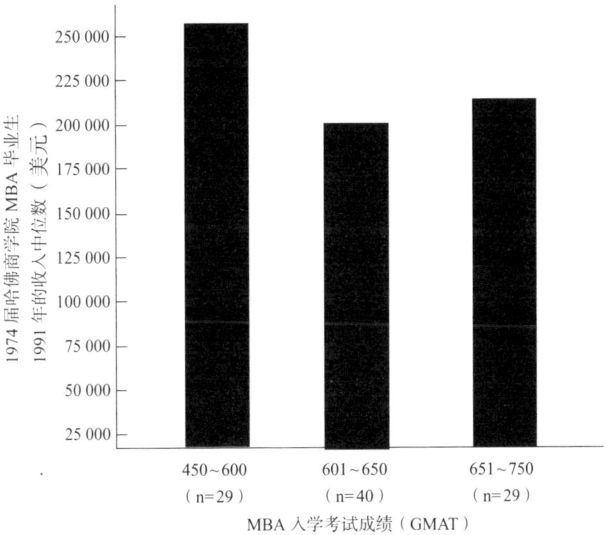

图 8.3　MBA 入学考试成绩（GMAT）和
1974 届哈佛商学院 MBA 毕业生 1991 年的收入

新规则 7

在持续增大的竞争和高速发展的全球化商业环境中，胜利者斩获颇丰，而那些无法或不愿意竞争的人可能会遇到巨大的问题。新规则是：你需要做一个有能力的竞争者。有效竞争会对你提出很多要求，尤其是要有高标准和对胜利的强烈欲望。

第9章

新规则8：跨界学习

在当今这个发展日益加快的世界里，几乎所有的东西都在以令人震惊的速度被淘汰，甚至与刚刚过去的一段时间比，也是如此。商业概念、产品设计、竞争对手情报、资本设备和各种知识的可信寿命都变短了。当公司和个人保持不变，并试图生活在过去的时候，他们极少会获得成功。

要理解为什么有些人在今天的工作中表现得如此出色，人们显然需要了解他们的职业道路（第2章）、他们所处的经济环境（第3章）、他们在这种环境中发现机会的具体方式（第4章至第7章），以及他们是什么样的人（第8章）。但还有一个因素也很重要：他们学习和成长的意愿和能力。1974届MBA的115名成员在离开学校时肯定已经是非常能干的了。但是，在过去的20年里，他们在困难的经济时代实现目标的能力已经增长了许多倍。这种增长与他们的成功密切相关。

*

几十年来，哈佛商学院专攻综合管理，而不是金融、营销或其他一些商业职能。早在1972年和1973年，学生们就被告知，他们中很少有人会从综合岗位上开始自己的职业生涯，但大多数人会在20年内晋升到这类职位上。典型的职业道路是从初级市场的营销（或金融）职位开始，经历一系列规模越来越大的市场营销（或金融）项目，然后转向一些越来越重要的综合管理工作。我承认，不是每个人都会经历这个历程，少数人在承担综合管理职务之前会任职于职能更为综合的岗位，而另一部分人将永远都扮演

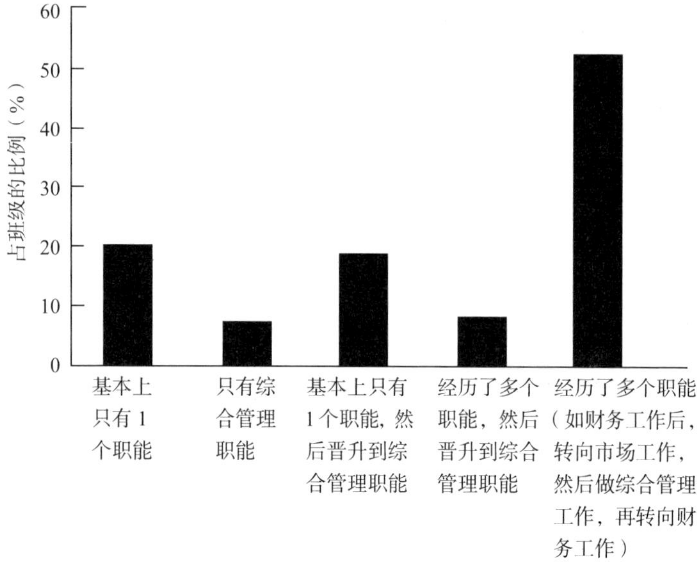

图9.1　115名1974届哈佛商学院MBA毕业生的职业路径

专家的角色（在财务、销售等方面）。但这些情况并非常态。

图 9.1 总结了 1974 届毕业生的相关职业生涯数据。到目前为止，最大的类别占到了这个群体的一半，但却是我们在当时很少有人谈论的。这类工作意味着一个不那么线性，更为动态的工作组合。它指的是，比如先做两个财务岗位，然后是一个营销岗位，然后又是一个财务岗位，接着是一个综合管理岗位，然后是另一个营销岗位。有时，这些职业道路会在简历中被掩盖起来，要么是因为职位名称并不能传达职位的真实性质，要么是因为写简历的当事人担心简历中的真实情况看起来太过混乱或不正统。但对于 1974 届的毕业生来说，过去被认为是异端邪说的东西现在已经很常见了。

在第二阶段的经济环境中，大多数人的职业可以被划分到几个简单的类别中，而且性质相当线性。① 在第三经济阶段中，这种情况越来越不复存在了——不仅仅对哈佛 MBA 来说如此，对所有人皆是。[1] 这种转变与动荡的经济环境直接相关。兼并、破产、由海外竞争造成的衰退，以及新技术，比几年前带来更多的动荡。但对于 1974 届 MBA 毕业生来说，这种转变也与他们积极寻找增长机会的尝试有关，这些机会能够帮助他们在动荡的环境中取得成功。这种模式在全班同学的年度回信中体现得非常清晰："在巴

① 尤其是在大型企业中，对大多数人来说，职业发展相对停滞（比如对工厂和办公室里的工人）。管理职业路径则更倾向于在一个单一的职能阶梯上向上晋升。——作者注

西的项目一开始很艰难，但现在看来，这显然是一个非常好的选择。我在这里的一年比在美国的前 5 年成长了更多”“刚刚成功地谈妥了我们部门的出售事宜。我从未做过这样的事情，这是一次令人难以置信的学习经历”“得到这份工作很困难，但正因为这份工作，过去 4 年对我来说是一个重要的成长期，我从一个纯财务导向型的交易撮合者，转变为一名管理者 / 经理 / 领导者”“从长远来看，我精心准备，最终成功进入金融业的举措，将为我带来巨大回报。我现在真的明白了”。

在我们传统的教育思维方式中，当我们讨论教育的时候，好像在最后一个学位完成之后，学习历程就结束了。但对于 1974 届哈佛商学院 MBA 毕业生来说，这一点远谈不上准确。非线性的职业道路——有时是动荡的时代创造的，有时被明确地视为一种学习的来源，通常是两者的结合——已经转变为重大的成长机会，使他们变得更强大，更具竞争力。

对许多人而言，说动荡的环境令人烦恼都算好的了——它经常可以算得上是恐惧的根源。但对于我们的这些 MBA 毕业生来说，这种动荡一直是成长的一份重要资源。

*

杰克 · 鲍恩（Jack Bowen）在印第安纳州的一个小镇上长大。他是一名优秀但不算突出的学生。他在篮球队打球，也在他所在的教会青年团积极参加活动。1966 年，他离家前往普渡大学，在那里他发起了一个名为“基督徒反对越南战争”的小型运动。1970 年获得化学工程学位后，他在一家开展技术业务和管理咨询的企业的旧金山办事处找到了一份工作。两年后，他来到了哈佛大学。

在这届 MBA 毕业生们的记忆中，鲍恩是一个说话温和、面带微笑的年轻人。“他显然是一个小镇男孩，比较高，比较瘦，但身体结实，人也很坚强，”凯文·约翰逊说，“就像年轻的吉米·斯图尔特（Jimmy Stewart）或亨利·方达（Henry Fonda）。”

鲍恩研究生毕业后的头 10 年，在一家大型制造业企业工作，之后进入了一家中型制造业企业（见下文的履历）。在这 10 年间，他的回信中包括 1978 年的这么一段：“6 个月前我们进行了重大改组。前后有很多不确定因素。我冒了相当大的风险在一个新成立的部门里申请（并得到了）一份工作。新工作的机遇和挑战都将是巨大的。但至少我会学到很多东西。现在说这是不是一个错误还为时过早。”1980 年，他写道：“我与一名下属发生了一次大冲突。他的表现很差，部分原因是我们的业务越来越难做了，部分原因是他拒绝根据新情况做出改变。这次的事件让我们非常痛苦，但我们现在为他找到了一份似乎更适合他的新工作（到目前为止，他干得不错）。我想，作为一名经理，我已经成熟了不少。”

他在 1984 年的信件中写道：“我可能犯了一个大错误，离开了我原本待的运营良好的部门，转到了企业服务部门。这里一团糟，但我想，如果我留在原来的部门，恐怕就会变得僵化，停留在自己的舒适圈，最终可能会在那里退休。让我们看看这一切会向什么方向发展。”1985 年他写道：“这真是不可思议的一年。我负责了 3 个主要项目，尽管有很多困难，这 3 个项目都取得了很好的进展，然后我就和公司主席发生了冲突。我真心觉得他疯了，他正在害死公司。压死骆驼的最后一根稻草是一系列旨在将买家拒之门外的金融操作，但这些操作都不符合公司的最佳长期利益。所有这一切迫使我重新思考自己的目标和价值，这是一个很艰难的思考过程，但我认为非常有用。最终结果是，我给他下了最后通牒，而当我明白自己永远都无法让他做正确的事情时，我辞职了（或者说是被解雇了，很难说，可能两者兼而有之）。这不是一段快乐的时光，但我越是想到这一点，我就越相信自己做了正确的决策。到目前为止，我已经找到了一份看起来很棒的新工作。我想（也希望），因为我去年所遭受的一切，我应该更有能力去应对新的挑战。”

在今天的商业环境中，动荡是很常见的。实际上，数以百万计的人正受到海外竞争、裁员、合并等情况的冲击。杰克·鲍恩和像他这样的人最有趣的地方在于，他们能够将痛苦和问题的根源转化为有用的东西。[2] 新的竞争、掠夺者、企业重组等，不仅具有破坏性，也成为他们成长的重要推动力。困难的事情会把他们从舒适的环境中踢出来，并带来新的挑战。自信和有竞争力的人不会逃避这些挑战，因为他们愿意诚实地看待自己的成功和失败，他们会在其中学习和成长。而这些成长，反过来能够让他们越来越有能力应对新的经济环境。

在过去的 20 年里，并不是这届所有的学生都像鲍恩那样有效地成长了。整体来说，那些成长很少的人可以被归到最不成功的群体中。[①]

*

戴维 · 德朗（David DeLong）过着田园牧歌般的生活。他是一家公司的总裁，在他的领导下，这家公司在过去 6 年里以每年 35% 以上的速度增长（见下文的履历）。由于他持有公司的股权，他成了一个富有的人。他结了婚，有两个孩子，他也显然很关心他的孩子们。当问到他的家庭和事业时，他可能会说要给你讲一个他是多么幸运的故事——他有美好的生活，且幸运地拥有着很棒的家庭。这听起来有点像 20 世纪 90 年代版的 50 年代老电视剧《奥奇与哈里特》（*Ozzie and Harriet*）。

① 衡量“成长”显然不是易事。但在 1992 年的访谈中，谈到动荡的事件，以及他们从中学到了什么的参与者，成为样本群中收入和职位在平均线以上的人的可能性是其他人的两倍。——作者注

戴维·德朗

职业经历

波特国际餐厅部　加利福尼亚州，洛杉矶

◎ 主席兼首席执行官（1993 年）

◎ 总裁兼首席执行官（1988—1992 年）

◎ 总裁兼首席运营官（1987 年）

◎ 执行副总裁（1986 年）

派拉蒙食品海鲜部门　马萨诸塞州，波士顿

◎ 市场营销高级副总裁（1983—1985 年）

◎ 西部地区运营副总裁（1981—1982 年）

◎ 广告总监（1980 年）

派拉蒙食品谷类部门　纽约州，纽约市

◎ 冷谷物产品经理（1977—1979 年）

◎ 冷谷物产品经理助理（1975—1976 年）

◎ 暖谷物产品经理助理（1974 年）

斯坦福公立学校　康涅狄格州，斯坦福

◎ 数学老师，教师协会会长（1970—1972 年）

◎ 数学老师（1968—1972 年）

教育经历

哈佛商学院　马萨诸塞州，波士顿

MBA（1974 年）

康涅狄格大学　康涅狄格州，斯托尔斯

数学学士（1968 年）

个人经历

背景：1946 年出生于新泽西州，在东海岸长大，父亲拥有一家餐馆

婚姻状态：1980 年与伊莉莎白 · 阿诺德结婚，有两个孩子

对德朗每年回信的研究，则显示了这个故事的另一面。1997 年他写道："我的兄弟因为婚姻恶化而精神崩溃了。我和他很亲近，看到他的生活一团糟，我也很伤心。在过去的 9 个月里，我花了很多时间来帮助他。我和他一起度假，带他去芝加哥参加一个以他的名义举办的盛大聚会，等等。这是段艰难的时光。"1978 年他写道："冷冻食品部门的市场营销副总职位被派给了另一个同事，虽然我也曾被告知自己是晋升名单上的第一名，有任何空缺

的副总职位，我都会是第一个拿到机会的人，尤其是在市场营销方面。”1980 年他写道：“我在一个大赌局中下了很大的赌注放手一搏。当时情况很糟，我都准备离开了。我和老板就他犯的重要错误发生了正面冲突。但显然其他人同意我的看法，于是他被解雇了。我也因此得到了一次重要的升迁。”

1981 年他写道：“我的母亲病得很重。在一次关键的手术后，每隔两周就会有新的病情发展，而我在 1 000 英里[①]之外。由于这一切恰好都发生在我晋升从而获得新工作的时候，这可以算是我出生以来承受了最大压力的时候。这反过来又导致了我婚姻的危机。经过两个多月的努力，我们终于能够重新定义我们的关系，达成双方共同认可的目标，然后继续前进。我们度过了一个‘重启周末’，之后在夏威夷待了两周。总体来说，自那以后，情况一直在好转。整体看来，这是我个人成长的一年。我生活中 3 个最重要的因素（工作、婚姻、父母）都同时在召唤我。我有时一天工作 20 个小时，然后和我的母亲或妻子一起度过整个周末。如果事情没有改善，我不知道我能做些什么。但我知道一点——如果不付出的话，我坚持不了多久。”

1983 年他写道：“我遇到了一些健康上的恐慌，但我想主要还是因为压力的问题。”1984 年他写道：“我们最大的竞争对手让我担任总裁的职位，而且待遇非常优厚。这是一个令人痛苦的决定，

① 1 英里约为 1.6 千米。——编者注

因为这意味着在进行了 4 年艰苦工作去帮助塑造我们的组织（比如说雇用团队等）之后，要进入‘敌人’的阵营里了。这是可怕的 30 天，但最后我还是拒绝了。”1985 年他写道：“工作和婚姻都出现了危机。在工作中，我与主要同事及上司对工作表现的看法有极大的差异。那是地狱般的一年，我差点辞职，差点被炒鱿鱼。最后是我的那位同事被解雇了。我现在开始着手重建部门、绩效、关系等。这一切都给我的婚姻造成了严重的压力。局势尚未完全得到解决。”1986 年他写道：“两大事件：我离开了我工作了十一年半的公司；我选择了一家规模较小、更具创业精神的公司。因为我想要更少的废话，更多的直接参与。还有，我的姐姐病了，我一直在努力给她经济和精神上的支持。”1988 年他写道：“我父亲做了癌症手术。他经历了一场艰难的手术，现在正在克服重重困难。”1989 年他写道：“父亲去世了，我非常想念他。”

1991 年他写道：“这一年我女儿病得很重，在医院待了两个星期，然后做了手术。没有什么比你的孩子受伤更让你伤心的了……我儿子需要一些强有力的家庭教育。他聪明、有创造力，但有时很难融入他那保守的学校……一个哈佛商学院同学妻子的去世让我们所有人都感到很意外，这也提醒了我们自己实际上有多脆弱……在工作上，经济形势的下行给企业带来了非常大的压力。”

1992 年他写道：“我女儿不得不做第二次手术。感谢上帝，她现在没事了……我把我大部分的空闲时间都奉献给了我的儿子——帮助他做功课，和他一起打高尔夫球和篮球，让他来和我一起工作，等等……在工作中，我不得不解雇两名老员工。其中一位是个非常棒的人，但他就是无法完成他的工作。这是一个很艰难的决定。”

我们有时羡慕那些在经济上取得巨大成功的人，因为他们似乎拥有无忧无虑的生活——充满了积极因素，却很少有消极因素。当然，这是无稽之谈，至少对于1974届毕业生来说并不是这样。他们无一能从悲剧事件中免疫。死亡、离婚、疾病和巨大的压力问题司空见惯。一位成员的房子被烧毁了。另一位在猎鸭时被射中。有的人因为试图怀孕（但未能成功）而遭受创伤。其中一位患上了一连串使人衰弱的疾病，另一位则因癌症失去了妻子（也是3个年幼孩子的母亲）。有几对夫妻已经离婚。有的人遇到了孩子叛逆的问题。有的人因为身边亲密朋友的痛苦，而同样不得不承受着苦痛。

同样，这届毕业生中最成功的成员们的有意思之处在于，他们有能力将可怕的事件——即便是个人和家庭问题——转化为成长经历，让自己变得更强大、更有能力。通过不逃避困难，通过认真反思他们的经历，他们成长了。这种成长反过来又帮助他们更加成功。

但为什么不是所有人都能有此种表现呢？这可能涉及许多因素，但有一个因素在我看来是很突出的。低自我标准，弱竞争驱动力，以及在竞争环境下缺乏自信（见图9.2）会影响个人的终身学习。如果没有野心，成长的痛苦会显得太难以承受。没有真正的驱动力，崭露头角的创业家永远摆脱不了企业的温床，年轻

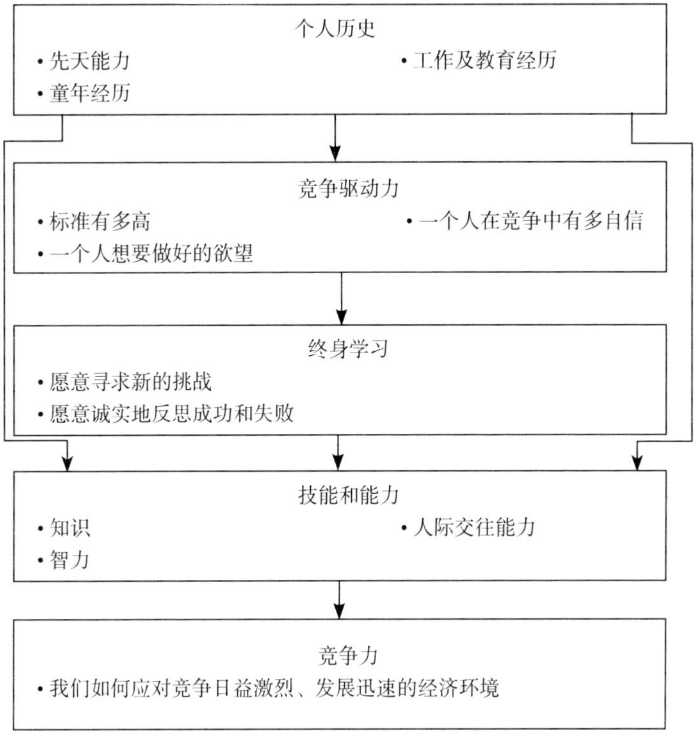

图 9.2　竞争驱动力和终身学习对职业成功的贡献

的顾问将无法忍受那些被拒绝的经历——即便这通常伴随着领悟到如何成功售出其服务的学习过程，有领导潜力的个人从不愿意承担率领他人的风险，而初级交易撮合者也不会奔着能学到不少（输赢）的大交易而去。如果没有真正的野心，人们会避免那些工作内外都令人痛苦但能获益匪浅的经历。与这些逃避相伴而来的则是个人发展的停滞。

*

1974届哈佛商学院MBA群体中最常见的抱怨是，他们没有足够的时间舒适地应对所有外界对他们的要求。造成这样的时间压力的原因之一是动荡的第三阶段经济环境和它所需要的持续学习的要求。在一个静态的世界里，一个人可以在职业发展上投入很少，或根本没有投入多少时间，但却可以做得很好。但在当今非静态的经济环境中，若是不花费精力对个人成长投资的话，最终会导致你从成功的路径上脱轨。

这115名MBA大多采用4种策略来争取学习所需的额外时间。有些人推迟了结婚和组建家庭的时间。有些人几乎把所有的家庭责任都交给了配偶。有些人慷慨地用钱购买各类个人支持方面的服务。还有许多人把本该投入家庭的时间投入到了职业发展上。

戴维·韦伯（第8章）、斯坦·罗伯茨（第7章）、杰里米·金（第2章）和其他人都把结婚生子推迟到快30岁或30多岁的时候。因为没有家庭责任要承担，他们得以专注于自己的工作，包括应对工作中巨大的学习挑战。他们中的大多数人似乎已经意识到这种策略是有风险的，风险就是在以后的生活中，他们可能更难找到配偶或生儿育女。但他们选择了承受这些风险。

在这115名受访者中，有些人通过要求配偶处理所有的家庭事务，找到了额外的时间。对于男性来说，这是传统婚姻的一个极端版本——有许多原因让这种婚姻在当今非常难以维持。他们中的女性成员甚至没有一个人选择使用这种策略。

1974 届毕业生中的许多人都试图花钱来解决时间问题。他们雇用保姆、孩子的看护、园丁、税务会计师，甚至是买手。[①] 所支出的费用可能非常高昂。尽管如此，115 位 1974 届哈佛商学院 MBA 毕业生中的一部分人显然认为这是一项非常明智的投资。

最终，课堂上的许多人不仅把个人和家庭问题变成了个人成长的源泉，而且也转化成了与职业相关的成长。就像戴维 · 德朗一样，他们把婚姻危机、健康问题和与孩子的冲突，转化为同样适用于工作的重要经验。

这 4 种策略都帮助他们理顺了工作和家庭关系，帮助他们成长。而且，即便是增长上的微小优势，有时也能带来巨大的回报。

想象一下，比如说，两个人在 25 岁的时候在竞争能力上完全相等。两个人都大约拥有 100 个单位的才能。但他们两个人对终身学习的定位不同。一个人积极地寻求挑战，认真地反思他所获得的成功和失败，然后从中获得成长。另一个人在这一点上没有那么重视。这里有一个有意思的问题是：这个差异会在多大程度上影响他们在第二阶段的经济环境中的竞争能力？答案是：远远超出人们的预期，因为这里面有复合效应。

举例来说，如果较弱的学习者以每年 4% 的速度成长，到他或她 50 岁时，他的 100 个单位的才能将增长到 256 个。换句话说，

① 买手是通过收取一定费用，替雇主购物的人。——作者注

这个人能够应对的职业挑战难度，应该2倍于其在25岁时能够应对的困难。但如果更有进取心的学习者以每年9%的速度增长，那么到50岁的时候，他将把100个单位的才能提升到862个。那这个更好的学习者能够处理的任务难度就不是其在25岁时候的2倍，而是8倍。结果，这两个人明显是同龄人，今天却不再站在同一条战线上了。更有进取心的学习者可以处理的问题难度比另一个人要高3倍以上（865/256=3.4）。而这并不是一个极端的例子（具体参见下文）。

复合效应

情景I

弗雷德和乔治在25岁时都拥有100个单位的才能。此后弗雷德以每年9%的速度增长，而乔治每年增长4%。50岁时的净结果：

弗雷德有862个单位的才能 > 3.4

乔治有256个单位的才能 1

情景II

弗雷德每年增长12%，而乔治每年增长3%。50岁时的净结果：

弗雷德有1862个单位的才能 > 8.9

乔治有209个单位的才能 1

情景III

弗雷德每年增长15%，而乔治则增长3%，另外，不断变化的环境意味着每年有3%的竞争能力已经过时。50岁时的净结果：

弗雷德有1821个单位的才能 > 18.2

乔治有100个单位的才能 1

在第二阶段的经济环境中，这种竞争能力上的差异尚不会转化为收入上的巨大差距。全球市场的缺位、企业内外部的竞争障碍、政府对收入的大规模再分配，以及许多其他因素将使得社会的整体收入产生均衡效应。但第二经济阶段已经不再是今天的现实情况了。如今，竞争能力的差异正转化为巨大的收入差距——终身学习已成为经济成功故事的一个重要组成部分。

新规则8

在快速变化和竞争激烈的环境中，正规的K12（基础教育）到大学阶段的教育非常重要，但这还不够。要想在工作中取得成功，需要在获得最终学位后还能获得巨大的成长，学习更多新的方法、技能、技术等。动荡的经济环境会为那些愿意承担风险并诚实反思自身经历的人们提供许多成长机会。

4

启示

第10章

职场成功

1992年，当被问及10年后他们将做什么时，来自哈佛商学院1974届的115名MBA给出了各种各样的回答。近25%的人仍然梦想着成为某种类型的企业家。另外20%~25%的人认为，到那时他们将离开商界，进入政府、政治圈、教育界，或是退休。还有20%的人说他们会做一些与众不同的事情，尽管他们还不确定具体会是什么。很少有人用稳定的眼光看待他们的工作——认为他们还会从事同样的职业，做同样的工作，面对同样的挑战，获得同样的收入。

这种看法在一定程度上源于他们积极进取的天性，尽管20年来经历的成功和失败显然消减了他们的野心。就像人们成熟后的典型情况一样，1993年，这一群体的渴望导向和事业导向的进取精神似乎低于1974年。[1]对大多数人来说，他们对成功生活的隐含定义已经拓宽了。在这种情况下，相对于家庭环境和个人健康，工作似乎不那么重要了。[2]但即便是在这种衰减了的状态下，与同龄人相比，这些人对职业的专注程度也很高。[①]

他们对未来的指向，多少也受到和其他婴儿潮一代人别无二致的不满情绪所驱动。尽管这 115 名 MBA 毕业生在经济上比同龄人平均收入水平高得多，但他们在 20 世纪 50 年代和 60 年代建立的预期往往没能完全实现。他们父母拥有的房子，几乎是他们祖父母的两倍大或加倍豪华，因此许多人期望他们的住所也比他们父母的要加倍优越。但在过去的 30 年里，房价上涨了 10 倍，他们所面对的抵押贷款利率也比他们的父母高，他们孩子上大学的费用也是他们自己当年支付的 5~10 倍。所以有时候，即使每年收入达到 20 万美元，他们也很难达到自己的预期。

但最重要的是，他们对未来的展望是由同样的一组经济力量所推动的，这些经济力量迄今为止对他们的职业生涯影响巨大。这些经济力量创造了这样的一种商业环境：在这种环境中，美国的就业机会现在更多地出现在规模更小、更具创业精神的环境中；在这样的环境中，咨询顾问和其他协助大企业的人正在蓬勃发展；在这样的环境中，成为一名优秀管理者的报酬相对于成为一名优秀领导者、企业家或交易员的报酬有所下降；在这样的环境中，收入的差距在不断扩大，而收入最高的往往是那些有才华、受过良好教育、有强大自我驱动力，且愿意承担风险的人；在这样的环境中，曾经在大公司里能看到的那种长达 20 年的职业规划如今

① 举例来说，他们的工作时长仍然比同龄的大多数人要长。——作者注

正变成博物馆里才能看到的展品；在这样的环境中，或许最根本的是，职业的概念正在发生变化，而且不仅仅是对这些 MBA 毕业生而言，对所有人来说都是如此。

直到最近，许多还算成功的人在中年时还指望在工作上有一个不太会变化但舒适的未来。这样的职业生涯是安全的，但往往很无聊。在过去的 20 年里，这种计划一直在改变。20 世纪中叶建立起来的这种模式——上学、找工作、晋升、达到顶峰、下滑数十年直到退休——正在被多种职业、终身学习和更多的不确定性所取代。在竞争日益激烈的全球市场上，停滞不前就是倒退。这个新世界可以更加令人兴奋，更加令人满足——对大多数参与了我们项目的 MBA 来说正是如此。它也可以是令人恐惧的，尤其是对于那些没有得到足够的教育、学会足够多的技能，且拥有足够强大动机的人。

*

在我对哈佛商学院 1974 届 115 名 MBA 学生的研究中，我提出了许多问题，其中最基本的问题是：

1. 这些人是如何在工作中变得如此成功的？在一个艰难的经济环境中，他们中有多少人似乎成功抵抗了随着经济环境而下滑的重力法则？

2. 他们的职业对社会有贡献吗？相对于他们的收入，他们是否增加了足够多的价值？

3. 在经济环境动荡的情况下，可能有更多的人在工作中获得经济上的成功和个人的满足吗？如果可以，需要如何实现？

关于第一组问题，这 115 名 MBA 毕业生的成功似乎与他们所工作的商业环境，以及他们利用这种环境的能力的关系最为直接。这种环境的变化越来越快，也越来越不稳定，这是许多力量复合作用后的产物——其中最重要的就是全球化。全球化之后的经济环境提供了更多的机会，通常是以更广阔的市场的形式呈现。但同样的经济环境也带来了更多的风险，风险则通常来自更为激烈的竞争。

在避免风险的同时利用现有机会获得财富的过程中，我们的 115 名 MBA 主要仰仗的是他们对自己的高标准、强烈的求胜欲望，以及自我发展和学习新技能的意愿。这些个人特性帮助他们发展了强大的竞争能力，帮他们打破了惯例，并尝试了不同于 20 世纪中期标准的工作方式。现在这样的工作方式意味着个人需要更具创业精神，需要减少官僚作风。这也意味着相对于管理能力，他们更需要培养自己的领导力。这也意味着网络类的灵活组织关系的作用更大，而繁复的阶层结构的作用更小。这也意味着他们需要为增长或业务复兴融资，而不仅仅是照常营业。这还意味着要冒更大的风险且要踏向更不稳定的职业道路。

1974 届哈佛商学院 MBA 毕业生中最不成功的学生也是最不严格遵循“新规则”的人。鉴于种种原因，他们的目标一直较低，获胜的欲望也较低。他们不愿像其他人那样打破常规，也不愿把自己置于能够获得成长的、具有挑战性的环境中。他们也比其他人更有可能进入更大的、更官僚化的组织，并在这样的组织中通过等级关系管理日复一日的常规事务。

新规则

新现实

不要依赖惯例：在 20 世纪的大部分时间里，赢家们的职业道路往往不能再次带来巨大的成功。

关注全球化及其后果；每一件事情都在发生变化，这既提供了巨大的新机遇，也带来了同样高的风险。

新反应

转向小型商业和创业机制，远离大的官僚体系；在一个竞争日益激烈的世界里，以速度和灵活性取胜。从外部和内部帮助大企业：咨询顾问和其他服务提供商存在巨大的机会。

不要仅仅只是管理；现在，你还必须帮助组织成为胜者。

如果可以的话，就尽情地撮合交易；在金融和其他交易撮合者的职业生涯中，存在着巨大的机会。

基础

增加你的竞争驱动力；无论是现在还是将来，高标准和对成功的渴望都是必不可少的。

永远不要停止成长；终身学习会越来越成为成功的必要条件。

由于他们有能力适应当前的经济环境，这115名MBA中的大多数人显然做得很好。但他们的活动有多少也惠及了其他人呢？在过去的10年里，人们普遍对婴儿潮一代的以自我为中心和贪婪的品质提出了严重的质疑，尤其是对那些精英学校的MBA。有些人认为，这些人不仅仅是国家的一种资产，也是一种负债。在这个议题中，1974届毕业生的经历能告诉我们的是什么？

从他们过去20年的回应来看，这种极端的论点很难被视为值得严肃对待的观点。当被问及他们生活中的重要事件时，他们会写关于婚姻、生育和许多类似这样的事情："在过去的14个月里，我的团队在我们这里和欧洲的工厂成功地实行了一种新的质量管理流程"（1983年）；"我刚上任的时候，这个部门一个月亏损50多万美元，而且又在大量裁员。如今，我们每个月的收入超过100万美元，实际上我们已经开始重新招聘员工了"（1989年）；"我帮助我的头号客户实现了扭亏为盈，使其市值增加了10多亿美元，产品和服务也有了显著改善"；"我的那个小投资银行已经有8年的历史了，它成功地协助了50多个重要的客户，并在1991年成为这个行业里备受赞誉的公司"；"作为营销总监，我负责了公司历史上最成功的产品——实现了超过7 500万美元的销售额"（1982年）；"我被派往韩国，帮助建立一家合资企业。尽管存在两家不同的公司、两种不同的国家文化等许多问题，但我们成功创建了一个生产技术创新且能够盈利的组织"（1987年）；"我自己的公司，现在已经有10年的历史了，已经为成千上万的客户提供了独一无二的产品。这里有我的骄傲”（1992）即使人们因为某种傲慢的因素而忽视了这些说法，这些成就仍然是非常真实，且对社会有用的。这些 MBA 开始创业，建立企业，并扭转了企业不良的局面。他们一直在资助创业者、发展组织。他们一直在雇用员工、纳税，生产有用的产品和服务。他们一直在为我们的经济组织提供必要的领导力。若没有他们的种种活动，我们所目睹的过去 20 年的经济结果无疑会更差，甚至可能差得非常多。“MBA 们是邪恶的”这一说法和事实并不相符。

至于他们对社会的贡献是否充分，或者是否达到了和他们的收入相匹配的水平——这个问题则要复杂得多。其中一些人的工资可能与任何合理的贡献标准相比，都是完全不成比例的。但对商业收入持批评态度的人，矛头最常指向的是大公司的首席执行官们，认为是他们诱使了自满的董事会拿出了荒唐的薪酬方案。[3]对他们的这种批评是正确的。[4]但在 1974 届毕业生中那些非常成功的人群里，符合大公司的首席执行官、被操控的董事会、膨胀的薪酬方案这类描述的人数为零。几乎没有人是这样的，数量是零。而且即便是在未来的 20 年里，会成为这类人的数量仍旧会非常少，因为绝大多数人都在追求其他的职业道路。

1974 届的大多数人现在都在谈论他们如何希望在未来 20 年做出更大的社会贡献。对一些人来说，这个贡献是通过慈善活动来实现的；对另一些人来说，政府服务，或单纯利用他们的影响力来运营经济组织，以使尽可能多的人受益，也是对社会的贡献。

如果他们通过各自的方式实现了这方面的愿景，我认为到2014年的时候，批判他们的成功就非常困难了。但如果他们远远达不到自身设立的愿景，一些社会批评家可能会认为他们贪婪或不负责任。如果今天必须让我打个赌的话，我会比较倾向于更乐观的情形——这些MBA会越来越多地回馈社会。

*

有可能帮助更多人实现和1974届毕业生一样的成功吗？因为这些参与者在简历中有哈佛MBA学历的优势，所以很容易让人们对这个问题得出“不可能”或悲观的答案。但我自己过去20年的经历使我对这种倾向性反而产生了另一种想法。我们确实永远都不应低估这些MBA由于种种原因而获得的特权的力量。不过，我也见过许多人，其中大多数都没有获得MBA学位，而他们对待工作和职业的方式与1974届哈佛商学院MBA这类人相仿，而他们也取得了巨大的成功——至少从大多数标准来看是这样的。他们只是根据本书第211页所提及的启示采取了行动。这里有大量的启示，而且这些启示都非常有价值。这些启示与1994届毕业生的关联性，就像它们与1974届毕业生的关联性一样密切。

关于职业路径，特别是管理职业道路，所涉的启示包括：

1. 安于好的生活、平庸的生活，是危险的。在一个竞争日益激烈的环境中，以成为第一或第二为目标的人或组织，总是会打败一个同样聪明但只满足于做好工作的个人或团体。这听起来似乎是显而易见的，但现实是，如今绝大多数劳动者并没有按照这一原则来管理他们的职业路径。大量的人从大企业、大工会和大政府那里学到的是，从“还行到好”的范围就足够了。20 年前在某些地方可能是这样。从现在起的 10 年里，从“还行到好”可能永远不会走向成功。

2. 要想在某项活动中表现出色，就需要仔细地将个人的优点和缺点与现有的机会进行匹配。在各项能力中，这种将能力与环境相匹配的行动最需要的则是充分的自我认知。20 世纪 50 年代的“组织内的人”不知道自己到底是谁，但他仍然可以通过循规蹈矩、迎合一个变化缓慢的环境而获得成功。但在一个瞬息万变的世界里，这种职业战略是行不通的。而且，在动态的环境中，诚实和现实的自我评估对有效成长也是必不可少的。由于人们无法一直在各个方面都有所成长，他们需要知道在未来的挑战和他们现有的能力之间的差距——没有充分的自我认知，这样的评估是不可能做出的。

3. 要培养所需的技能和态度，接受良好的教育正变得越来越重要，这里所说的“好”意味着一个高标准的环境，一个能让人在竞争中建立自信的环境，以及一个人们能学会培育求知欲的环境。明智的做法是避开标准低且学生与学习脱节的教育机构。同样，这听起来可能是显而易见的道理，但停下来想一想：你认识的所有学生（包括你自己、你的孩子、你的朋友等）所在的教育机构是否都符合这个标准？

4. 大学毕业后，任何有抱负的人都应该在加入一家传统的 20 世纪企业之前停下他的脚步。这些大型企业不仅提供的机会比 20 年前要少，而且有时还意味着不利于成长和终身学习的环境。当然，这里也有例外，但扑向一家知名大型企业的岗位还算得上理性选择的时代，早已过去了。

5. 雄心勃勃的人也应该避开那些竞争激烈程度低于世界标准的行业。一个竞争没那么激烈的行业可以暂时避开困难时期，但绝不是长期的避难所。甚至像电力公司这样在垄断环境下的产业也在向竞争更激烈的未来发展。在竞争没那么激烈的环境中工作，尤其是在职业生涯的早期，你所要冒的风险就是，你在过去可能根本没能学到未来面对竞争时你需要的教训和技能。

6. 到了今天，在单一业务层级中向上迁徙的行为可以说比 20 世纪大部分的情况都更无意义。尽管这样的职业路径可以给人成功的幻想——至少能维持一小段时间，但它无法提供应对一个快速变化且竞争激烈的世界所要求的行业广度。今天，寻求能够学到更多、更加非线性的职业路径，或许是一个更好的选择。

7. 为了促进终身学习，人们需要寻找一些有延伸性的职位，能够鼓励下属成长的老板，以及能够进行一些实验和创新的环境。想拥有一个成功的职业生涯可能越来越意味着要避免那些几乎没有增长潜力的工作，以及那些不希望他们的员工成长的企业。由于官僚主义和厌恶风险的环境对学习的影响，它们正日益成为个人职业道路上的狙击者。

8. 对成功的追求可能总是涉及某些困难。但今天，比起上一代人所处的时代，道德陷阱变得更为常见了。在一个动荡的世界里，人们很容易跨越道德的界限，尤其是在涉及大笔资金的情况下。可以说，伦理判断已经变得越来越重要了。

9. 对于那些没有足够的运气拥有伟大的父母和良好教育的人，本书第211页的经验教训尤为重要。商业环境不会变得更简单。事实恐怕正好相反。

这里的每一点都提出了每个人最好都要反复考虑的额外议题和问题——既是为他们自己，也是为他们的孩子、配偶、同事和朋友。最基本的议题或许是：任何一个处于无法帮助他或她更好地应对一个更艰难的第三经济阶段的环境的人，最好赶紧离开这个环境，越快越好。

*

在企业、工会和政府的形式中，“大”往往意味着与时代脱节。其中一些机构的运作方式让我们觉得仿佛仍然生活在第二阶段的经济环境当中。这里的净结果是：大公司的规模在缩小，大工会的人员在丧失市场份额，大政府越来越不受选民的尊重。

1974届哈佛商学院MBA毕业生的经历为那些试图成功运营

大型组织的人提供了一些重要启示。

1. 大多数大公司的首要管理目标应该是创造一场革命。与半个世纪前的境况不同，传统企业不再处于强优势的地位。在这种情况下，被认为是恐龙都不算差了。在今天这个“后公司时代”，除非管理者能够从基因上重构这些企业，否则他们就只能消失。

2. 革命的目标应该是大大减少管理层级、官僚主义、内向关注特征和办公室政治。整体目标是从繁复的管理层级结构，转变为一个灵活的网络组织。实现这一目标将需要企业改组、削减成本和大量的流程。但最根本的是，它需要企业文化的改变。

3. 另一种考虑这个问题的方式是：大企业人的目标应该是创建一个感觉上和操作上都更像小企业的组织，但同时又保留大企业的资源优势。这意味着快速和简单的运行方式，意味着要让雇员有一种主人翁精神，并让每个人都建立客户导向的意识。在大多数大型组织中，这样的变革需要显著的文化革新。

4. 在较大和较老的组织中，文化革新极其困难。如果没有来自许多人的强有力的领导——包括组织最高层的领导力，这种变革或许是不可能发生的。

5. 那些认为自己的文化和组织不错的大企业高管应该回答以下问题：去年你吸引了多少最优秀的大学毕业生到你们公司工作？如果答案是零，或者接近于零，那你们的组织文化可能仍然存在严重的问题。

6. 在大型组织中，文化变革的头号障碍是缺乏紧迫感，或者通常是由于太多过往成功的辉煌和不够大胆的领导造成的。在今天的大多数大企业中，加深紧迫感是必不可少的。

7. 大型政府组织的管理人员则面临着尤其困难的挑战，但应对这些挑战并非不可能完成的任务。最近公共部门的一系列成功案例显示了一种趋势，这种趋势与私营部门正在发生的变化非常相似。[5] 政府组织正在“瘦身”，精简层级，变得更加关注外部，与供应商和客户也都建立了更为紧密的关系。由于几十种各类原因，这一切都在以蜗牛般的速度推进着。尤其是因为各个政党的思维方式阻碍着，① 这个过程需要被加速推动。

8. 任何一个认为在大组织中发生重大变革是不可能的人都应该离开。坐在一家大公司里，并假装我们还处于 1955 年无疑是疯狂的行为，即使你在一家“好”公司里有一份“好”工作也一样。一个更好的选择是，去另一个有可能发生改变的大公司，或者去一个小公司并协助他们从外到内改造大公司。

---

① 在其中一个主要政党中，有太多的人似乎认为我们仍然生活在一个第二经济阶段的世界，而这如果有什么影响的话，那就是在第二阶段的经济环境中，政府机构只需要扩大规模就可以更好地为社会服务。而另一个政党有时则表现得好像我们回到了一个世纪前的第一经济阶段，认为政府结构只需要缩小到 1890 年的规模就可以了。这两种观点都没有认识到，第三经济阶段的世界对公共和私营组织的要求已经与以前的时代大不相同了。——作者注

*

当我在1993年年底写就这本书时，人们对管理的职业生涯已经越来越悲观了。在美国参加MBA入学考试的人数经过几十年的增长后，开始下降。许多企业的中层管理者开始说经理人已经太多了，而工作岗位却不够了。如果一个人是以20世纪中叶的职业态度来思考管理职业生涯的，这种悲观可以说完全合乎情理。但如果他能够认识到今天商业世界正在发生的事情，这么多的变化都是如何发生的，以及这些变化都带来了哪些巨大的机遇，那会导致悲观主义的逻辑在很大程度上就将消失。

在可预见的未来，全球化经济将为几乎每一个人提供非常多的机会，甚至包括那些在19世纪的管理生涯中，仅有有限选择的人（妇女和非白人）①。这就是变化的本质。这些变化往往会动摇现有的权力结构。

我甚至对大企业持谨慎乐观的态度。领导力正在一些大公司中出现，这些公司在创造变革，从而发展出强大的竞争能力。这一切变革的进程，并没有以其应有的速度推进，也尚没有获得其应有的普遍性，但至少它正在发生。而且，平均来看，这些变革在以美国为总部的大公司中的情况，已经比在世界其他国家的大

① 这是近期的企业家人口特征分布所呈现出来的模式。在20世纪80年代末，女性所拥有的企业增加了57%，西班牙裔企业家所拥有的企业增长了81%，非裔美国人所拥有的企业增长了38%。[6]——作者注

部分地区要更好了，或许是因为美国已经比其他任何国家都要更深地进入第三阶段的经济环境了。

如果我们有任何应当担忧的事情，那应该是我们如何能让人们利用这些机会，而不是忧虑这些机会本身。在这方面，我认为我们的能力还十分弱小，这也就是为什么我选择以教育为主题来结束这本书。

第 11 章

新教育

1993 年，美国的劳动力大约有 1.2 亿。[1] 制造业工人的平均日薪在 92 美元左右。在服务业，工资通常更低。婴儿潮一代的大多数人可能是无法接受这样的工资水平的。就像我们哈佛商学院 1974 届的 MBA 毕业生一样，他们所接受的教导中，对未来的预期就是要生活得比他们的父母更好，就像他们的父母生活得比他们的祖父母辈更好一样。而实际上，大多数人的年收入在 2 万 ~2.5 万美元，无法达到这一预期。

由于经济全球化相关的各种因素，美国的工资增长已经停滞了 20 年。现在的境况与 30 年、40 年或 50 年前不同，当时制造业的从业人员面临着欧洲社会的真实竞争威胁，但当时的竞争者也仅仅是平均下来稍微挣得少一点。今天，来自日本的竞争者往往更有效率，来自中国、韩国、马来西亚、新加坡的竞争者的工资仅仅是美国劳动者的一半，而且越来越多来自墨西哥的竞争者每天仅仅挣着 10 美元（每年 2 500 美元）。即使在一些根本没实现全球化的制造业领域，工资也因为这些公司的产品购买者是其他面临国际竞争的企业，而它们会反过来要求供应商降低成本，从而阻碍了这些不直接参与全球化竞争的企业员工的工资上涨。

而压低美国制造业工资的全球力量也在间接损害服务业的工资水平。有时是因为失业的生产工人转向服务业寻找工作，从而压低了工资水平；有时是因为制造业企业被迫寻找越来越便宜的服务供应商；有时是因为制造业缺少增长的工资，迫使人们寻求更便宜的个人服务。

从美国工人的角度来看，现在的情况很困难，但还可能会变得更糟。当我问及 1974 届毕业生时，几乎所有人都预测，第三经济阶段远未结束。大多数人似乎相信，竞争压力将在今后 10 年继续增加，尤其是当东欧和苏联竭尽全力地试图通过成功地同美国的公司竞争来解决它们的经济和社会问题时。这些国家的劳动力规模几乎是我们的两倍，通常还受过良好的教育，且目前这些地区制造业的平均工资约为每天 7 美元或 8 美元。但即便是这种威胁，也比不上亚洲的欠发达地区。在印度、巴基斯坦、印度尼西亚、越南，有一个将近 10 亿人口的潜在劳动力市场，而那里，目前的制造业工资仅仅约为每天 2 美元（每年 500 美元）。直到目前，由于缺乏资金、专业管理知识、劳动力技能和政治支持，甚至匈牙利人都无法与美国人竞争。但这种情况正在迅速发生改变。

许多因素可以让这一趋势放缓。低工资国家的政治不稳定将阻碍所需的资本和专业技能输入。美国的政治压力将试图通过制定政策和立法来让这一不可避免的趋势放慢。① 但凌驾于一切之上的是强大的经济力量，包括几乎所有人都具有的、改善其生存条件的自然愿望。

应对这一现实需要大量的变化。[2] 美国企业将不得不采取更多的措施，使自己在与美国以外的顶尖企业竞争时，更具有竞争力。尽管过去 10 年取得了一些进展，但美国仍有太多的大中型企业过于官僚化，过于专注于内部事务。美国的金融和监管体系仍然为那些对社会无益的活动提供了太多的激励，而对我们需要的那些行为所提供的激励却又不足。② 美国的劳动力仍需要大幅提高其能力，尤其是在低端市场。

在今天和可遇见的未来，几乎所有美国人想要成功所需要的品质在 1974 届哈佛商学院 MBA 毕业生身上都得到了恰当的体现。自我驱动力、自信和承担风险的意愿是必不可少的。良好的教育，③ 以及一生中对进一步成长的投入也是一样。

除非美国的教育、技能和劳动力的驱动力得到急剧改善，否则很难想象美国如何能够繁荣昌盛，如何发挥有益的全球作用。

---

① 这点可以在 1993 年北美自由贸易协定（NAFTA）中清晰地看到。——作者注

② 莱斯特·瑟罗（Lester Thurow）是这样说的："必须改变管理金融和工业的整个监管框架，以便把最大的利润和最高收入支付给那些扩大生产和产出的人，而不是那些重新包装金融资产的人。" [3] ——作者注

③ 没有高中文凭的人平均年收入不到 1 万美元，这在今天的美国是很少有人能接受的。只有高中学历的人每年的收入不足 1.5 万美元，这同样也是极少有人能够感到满意的薪资水平。[4]——作者注

低技能的劳动力与发展中国家劳动力的直接竞争将越发激烈。对于美国人和其他人来说，一个可接受的未来或许是，我们的劳动力继续在高端垂直领域发挥作用。在这样的愿景下，我们将允许低技能制造业岗位继续向海外转移，同时我们将精力集中在更高技能的工作上，集中在能够满足普通美国人的经济期望的岗位上。

创造一流的劳动力将需要比现在好得多的教育和培训体系。一流的教育和培训体系的追求，是否与比日本高出近 5 倍的、当前接近 30% 的高中辍学率情况一致？[5]是否与 17% 的美国 17 岁青少年被认为是功能性文盲的事实相一致？[6]这与那些从高中和大学毕业的许多学生的技能水平是否一致？与缺乏科学和数学教育的情况是否一致？[7]与整体缺乏对大多数劳动力毕业后的培训是否一致？

至少 10 年来，专家们一直在告诉我们，为了未来的繁荣，我们需要更好地利用我们的人力资源。这意味着不能允许人们在十几岁、二十几岁甚至三十几岁时就停止成长。这意味着要提高技能增长率，而不是让儿童和成人都停滞不前。虽然遵循这个建议不容易，但我们至少应该将其牢记在心。如果我们不走这条路，大量美国人可能会在全球劳动力市场上表现得很差，尽管少数人可能将会表现得异常出色。这样发展的结果就是，美国的贫富差距会越来越大，直到某些问题爆发。①

① 从某种意义上说，大企业资本主义的第一阶段就是这么结束的——伴随着咆哮的 20 世纪 20 年代和股市崩盘。——作者注

*

1974 届的学生是在 20 世纪 50 年代和 60 年代读的小学和中学，很少有人上过精英私立学校。不过，他们所接受的大多数学校教育服务还是相当不错的——这至少有两个原因。最明显的一点是他们身上没有那些今天你不时会发现的严重行为问题。这 115 名学生都不用通过金属探测器再进入学校。他们没有人需要哀悼同学们被暴力或毒品夺去生命。但他们得到了良好教育的更重要的原因是，教育体系通常是为像他们这样的人设计的——相当聪明且在学校里表现得非常积极的人。在他们成长的过程中，课堂、运动和其他方面的重点都是培养有才能、有驱动力的人，并让他们准备好进入尽可能最好的大学。美国在《退伍军人权利法案》中对大学教育做出了特殊承诺。随着越来越多大学的设立，也随着老学校的扩张，中小学教师被寄望于填满这些学位。甚至连苏联人也来帮忙了。[①] 苏联卫星通讯社与广播电台鼓励美国总统艾森豪威尔和美国国会通过《国防教育法案》。这项立法为科学和数学培训提供了额外的资金。这笔钱花在了为最好的学生开设的物理和微积分课程上。没有任何资金被分配给培训未来的制造业工人，使他们掌握日后某天或许与日本人竞争时所需的基本技能。

自从 1974 届毕业生高中毕业后，在大多数情况下，早期教育

① 这里指的是冷战时期，双方对于航空航天技术的大量研发投入所造成的影响。——译者注

每况愈下，尤其是与其他工业国家相比。① 在过去的10年中，一份又一份的报告提供了令人沮丧的统计数据和关于美国中小学教育现状的结论。[9] 在同一个时期，我们看到了一些进步，但大多是偶发事件，且进展缓慢。[10] 我们很少听说有更高标准被成功实施。我们很少听到孩子们毕业时在竞争激烈的环境中更有自信。我们很少听到学生们在学习时如何热爱学东西，并在他们的一生中理解学习的未来重要性。

在某种程度上，问题很简单。当今世界与30年前的世界不同了，而学校需要适应这个环境。但它们要么没有去主动适应，要么动作太慢。从某种意义上说，在经济环境从第二阶段转向第三阶段时，它们表现得就像大型工业企业一样。

在分析这个问题或任何与此相关的问题时，人们很容易就会倾向于寻找替罪羊。在中小学教育中，不缺潜在的反面角色：教师工会、教师、教育官僚、左翼利益集团、右翼利益集团、冷漠的家长、狭隘的政客、小气或短视的社区。这种思维方式是无用的，甚至是危险的。如果说有什么系统或文化问题超越了特定的个人或群体，那就正是我们在K12教育中所面对的。

讽刺的是，问题的核心与太多的成功有关系。想象一下，一

① 雷·马歇尔（Ray Marshall）和马克·塔克（Mark Tucker）在他们的获奖著作中总结了事实："无论是通过与其他国家的表现对比，还是和工作场所的需求做比较来进行评判，学校毕业生都远远不能满足需要，也远远不能和他人的成就相比。"[8]——作者注

家1950年总收入为62.5亿美元的公司，如今年销售额超过2 500亿美元，大约是IBM的4倍。这家公司将成为世界上最大的公司。因为它比通用汽车、IBM或西尔斯工业都经历了更多（增长层面）的成功，比起这三个行业领军企业，有人可能会认为它在一个更大的规模上更应该存在一定的问题——问题可能包括伴随着增长而来的由太多的成功所导致的傲慢、闭门造车、官僚化、政治文化。在这个案例中，这个公司就是“中小学教育”。[11]而文化问题在这里确实非常严重。

1974届的学生所学到的在无法变通的文化中扭转公司颓势的教训可能与此相关。这些教训是：（1）处理这些情况是非常困难的任务。最初宣布的改革举措在此是完全不够的。（2）经常需要先有一场严重的危机。在商业世界中，这样的危机通常是由激烈的竞争造成的。（3）无论有没有危机，尤其是出现需要有能力的领导的危机，领导力并不总是能与现状相结合。

如果公司经验是相关的，①我将有以下预测。[13]如果没有真正的竞争、危机和大胆的领导，10年后我们或多或少还会面临今天的问题。还有数百份报告将被撰写，但它们不会产生什么实际影响。通用汽车、西尔斯、IBM的经验告诉我们，在学校系统中掌握权力的人会找到许多方法来说明批评是言过其实的，会展示他们正

① 前美国劳工部部长雷·马歇尔和马克·塔克在他们的著作《教育与国家财富》中说：“我们认为，我们最好的公司所吸取的教训是学校取得巨大进步的关键。”[12]我同意这一观点。——作者注

在做出适当的改进，或者表示问题超出了他们的控制范围（例如，资金太少，有太多缺乏动力的学生，等等）。

1974 届的学生非常关心这个问题。他们作为雇主、公民和父母，从各个角度都很关心这个问题。让许多人感到沮丧的是，他们不能做更多的事情来帮助解决这些问题。一些人还对政治进程在解决教育问题方面似乎毫无成效的情况，越来越愤世嫉俗。

与高等教育的对比在这里也有一定的参考性。虽然美国的学院和大学也有困难，几乎每个人似乎都同意，他们的状况比落后的中小学要好得多。[14] 无论是大学还是中小学，都有大量的学生，分布在数千个地点，而且都在 19 世纪经历了大幅增长。支持初中和小学教育的人认为，高等教育的任务要简单得多。这可以说是正确的，但也可以说不正确。下面这句话无疑是正确的：在高等教育中，垄断学校的比例为零；而在较低层级的中小学中，垄断几乎占据了 88% 的学校。企业经验告诉我们，在适应和改变方面，这种单一的差异可以产生令人无法承受的影响。

因为我不是中小学教育的专家，我无法对目前提出的许多改革建议给出评价。但是在跟踪观察了 1974 届学生 20 年后，我得出了一个非常明确的结论。除非我们能够改善早期教育，否则在未来几十年里，相当多的人将会发现，即使是在工作中取得较低程度的成功也是非常困难的。除非我们能帮助学校提高学生的竞争驱动力和终身学习的意愿，否则我们都将共同承受这一切的后果。这里的“我们”包括每一个在美国工作的商业人士。

由于美国的高等教育比小学和中学要好得多，人们很容易克制住对大学的批评。但这肯定是错误的。大学有时也会削弱我们在第三阶段的经济环境中参与竞争的能力，这里的原因可能与K12教育问题的根本原因相同——过度成功。高校的总收入从1946年的约10亿美元增加到1991年的近1 640亿美元。[15]结果是，即使竞争迫使参与者采取了一些改变，人们仍然可以发现高等教育缺乏对外部的关注。大学很容易走上在外人看来很奇怪的轨道。有时这些活动是创造性的和适当的，有时他们又纯粹地脱离了社会的需要。

商科项目在这里是一个特别具有相关性的例子。至少这15年来，批评人士一直在争论，商学院并不总能生产出美国需要的“产品”。[16]持这些观点的人认为，太多的毕业生没有打通人际关系、领导和团队合作能力，而这些都是帮助公司提高竞争力所必需的。他们也被认为缺乏第三经济阶段所需要的国际视野。他们被批评太傲慢、太自私，以自我为中心，愿意追求对社会贡献不大的赚钱事业。如果商学院密切关注其校友的职业经历，就会发现这些批评有些道理。但许多商学院对其校友的职业生涯并不像它们应该了解的那样熟悉，因为校方过于关注内部。这种缺乏外部导向的做法有无数的根源，但很大程度上与成功有关。过去30~40年里，商学院的收入增长仿佛是个天文数字。1960年，世界各地拥有MBA学位的人不足7.5万人。今天这个数字超过了125万。1960年，大约有52 000人获得了美国大学的工商管理学士学位。

1990 年，将近 25 万人获得了相关学位。自 1979 年以来，在美国最受欢迎的本科学位就是商业管理学位。[17]

1974 届哈佛商学院 MBA 毕业生的经验表明，在一个日益快速发展的世界里，MBA 课程和大多数高等教育项目需要面对重大的适应性转变。如果说有什么契机让商学院能够停下来解决根本问题，那就是现在。最重要的问题可能是最基本的。高等教育应该在今天发挥什么作用？专注于自身内部的学院和大学有一个趋势，就是在考虑其使命时，倾向于思考教育具体领域的知识。研究性机构尤其如此。但在哈佛商学院 1974 届 MBA 毕业生的案例中，我们发现哈佛商学院有时候则是对具体领域关注太少：美国以外区域的案例太少，小型企业和企业家精神的案例太少，对什么是大企业的错误关注得太少，对于管理和领导的区别关注得太少。尽管如此，这 115 名毕业生的表现还是相当不错的。这意味着，要么哈佛商学院无关紧要，要么它与这些学生的成功只是略微相关，要么就是它所做的贡献大部分都不是通过简单的知识转移完成的。当我问 1974 届学生这个问题时，他们总是会选择第三个选项，强调这所学校如何帮助他们培养了分析和解决问题的技能，帮助他们增强了自信、获得了接触某些工作和公司的机会，并促进了友谊和人际联系网络的发展。①

① 对知名商学院的另一种批评是，它们只不过是收费高昂的职业介绍所。1974 届毕业生中的大多数人都认为，哈佛商学院发挥了就业 / 招聘功能，但这只是众多好处之一。——作者注

也许这里最根本的问题与教育的概念有关。几十年来，正规学校教育一直都被认为是为年轻人将来工作和生活准备的。能力最差的人在高中拿到了人生中的最终学位。另一些人则读到了大学或研究生院。然后他们开始去工作和生活。学习历程结束了。但 21 世纪将是一个学习必须持续下去的世纪，出于需要，在他们的整个工作生活中，在第三经济阶段，持续不断提高的竞争水平将创造越来越多的形势变化。那些试图随波逐流的人如果想只运用其过去所学到的知识，将会在形势严峻的全球劳动力市场中越来越难以保持竞争力。经济力量将使这个准则改变或消亡。

适应这种新的现实并不容易。终身学习的整个概念挑战了过去教育的核心理念。例如，商学院为什么要为 25 岁的学生提供为期两年的“最终”教育项目？为什么不在 25 岁时参加为期一年的项目，在 28 岁时参加为期一个月的项目，在 31 岁、34 岁……持续下去？又或者，为了减少学校和工作之间的明确界限，或许 MBA 项目不应该在校园和教室里进行。技术变革无疑在这里提供了越来越多的可能性。

1974 届哈佛商学院 MBA 毕业生的经验显示，对所有教育工作者来说，一个主要问题是如何帮助学生渴望学习更多，帮助他们学会如何学习，从而能够适应不断变化的环境。我认为哈佛商学院在 1972 年和 1973 年就做到了这几点，至少在某种程度上，通过使这个非常具有挑战性的项目，他们实现了这一点。哈佛商学院向 115 名未来的 MBA 毕业生展示，当他们走出自己的舒适区，进入一段艰难（但并非不可能）的经历，承担一些风险，然后反思结果时，他们能学到多少东西。通过这样做，这个项目不仅使他们在当时就获得提升，而且也使困难的环境变得不那么可怕，从而增加了他们在未来的工作中寻求大型挑战和继续成长的机会。①

几十年来，富有远见的教育工作者一直在倡导大学开展更多的项目，关注那些即使具体的知识过时但也能提升人们的技能和价值观，而不仅仅是简单的知识转移。不幸的是，太多的学校仅仅只在口头上采纳了这些观点，而并没有运用到实际中。为了帮助毕业生们在 21 世纪的职场中取得成功，这种情况必须被改变。

*

在过去的 50 年里，随着高等教育的发展，几十所顶尖学校发现，它们能够收到如此多的申请，以至于它们可以在招生方面精挑细选。今天，每 6 个申请哈佛商学院的人中，只有一个会被录取。不过，较低的招生录取率也可以在一些最好的大学和最好的法学院、医学院和商学院被发现。今天想要进入耶鲁法学院或斯坦福医学院，一个人要从人生较早期开始就跨过数以百计的障

① 当我在 1993 年年底撰写本文时，哈佛商学院正在对其 MBA 课程进行有史以来规模最大的重新评估。根据我从这个评估中所获得的经验知识，我不确定哈佛商学院在 1993 年是否能像在 1974 年那样，在为学生提供挑战方面，做好他们的工作。我希望，我们将以重新评估后所建议的变化来修正这种情况。——作者注

碍。因此，这些学校不仅获得了非常有才华的学生，而且像哈佛商学院一样，获得了极具竞争意识的个人。从 1974 届哈佛商学院 MBA 毕业生的经历中，我可以得出的一个结论是：这些学校的毕业生之所以在职业生涯中表现出色，一个关键原因是筛选严格的录取过程带来了对自我有高标准且有着强烈的求胜欲望的人才。

现在上大学的那些非常有竞争意识的人，有的在“崇尚自由”的学校里长大，没有多少制度化的宗教信仰，也没有父母在身边——这当然比 1974 届的学生的境遇中的桎梏要少得多。今天的学生毕业的时候将进入一个比 20 世纪大部分时间变化都更快且规则更少的世界。激烈的个人竞争，有时变得薄弱的道德规范，以及一个开放的商业环境——所有这些因素都以一个可能是爆炸性的方式结合在了一起。

10 多年来，一些人一直在敦促商学院、法学院和医学院处理“伦理”的问题。[①] 在大多数情况下，学院都对此表示反对。一些人反驳，价值观是无法教授给 25 岁的人的。还有人认为，在一个多元文化的世界里，推行一套理念是不合适的。这两种观点都有一定道理。但也有很多对伦理问题观点的捍卫者。

不管他们是否主动安排与伦理相关的课程，学校总还是会传授价值观。在管理课程中，每一天学生都被布置了案例或阅读材料，然后在教师的指导下，集中讨论这些教师所关注的具体问题。

---

① 在哈佛大学，这一挑战来自前校长德里克·博克（Derek Bok）。——作者注

有时，背景资料里隐藏着更广泛、更宏大的道德议题，但作为专业人士的教师往往会忽视它们，从而引导学生忽视它们，因为它们与课程的主题毫不相干。这一过程会在不经意间向学生发出信号，告诉他们戴着眼罩度过人生是可以被接受的，只关注自己的专长所在而忽略更广泛的后果是可以被接受的。

商学院显然需要花更多时间讨论更宏大、更感性的问题。例如：什么是职场上的成功？1974 届哈佛商学院 MBA 毕业生中的大多数人展示出的迹象表明，他们将“成功”这个词等同于：在一份令自己满意的工作中获得高收入且做出一定的社会贡献，同时不牺牲自己的家庭生活质量。这个定义是否过于强调收入而对其他因素关注不足？换句话说，第 7 章中 3.05 的平均社会贡献分数是否达到了应有的水平？我们无法指控 1974 届的典型成员是在不计对他人的后果来追求个人利益。然而，在阅读了本书的初稿后，115 名成员中的一些人表示，他们认为 3.05 的分数肯定太低了，而且 MBA 课程在讨论成功的时候，过多地使用了经济内涵。

最大的问题——关于企业自身的目的，我们也当然需要更多的讨论和分析。如果没有这种更开阔的目标感，高竞争偏好的人就会像没有制导的导弹——强大而耀眼，但可能非常具有破坏性。

最近学生群体中多样性的增加在我们的议题中既带来了问题，也带来了机遇。当来自美国社会中上层的白人男性占了哈佛商学院和类似的学术机构 3/4 的名额时，美国社会中上阶层的白人男性教师可以在讨论价值观的时候，使用更为随意的方式，且不会遇到多少困难。现在在学生群体（以及在规模上小得多的教工群体）中，包括大量的女性、非美国人，以及非白人群体。面对这些群体，宣扬同样的价值观可能会造成误解和冲突。在这种情况下，我们很容易倾向于减少关于价值观的讨论。但这样的策略后果将是很糟糕的，而且在未来只会变得更糟。

大学里日益多样化的个体为我们提供了一个机会，那就是创造一种对 21 世纪而言有意义的价值观信息。多元化会产生冲突，但它也可以促进创新。如果说有什么领域亟待创新思维改造，那就是学院和大学里伦理教育应该扮演的角色。

对于那些认为这篇评论不公平的人——美国大学教育质量是世界公认全球最好的，请注意接下来我要谈到的几点。高等教育不再是象牙塔里的一个小作坊，今天这是一项要通过巨大努力才能成就的事业。在历史上的大多数时候，在商业和其他领域有影响力的人物根本没有接受过和现代高中教育相等同的教育，更不用说拿到一个研究生学位了。但这种情况正在迅速发生着改变。① 作为一个共同社会的成员，我们对大学教育的效果下了很大的赌注——它不仅是一种简单的传递知识的工具，而且是一种使地球上的生命更美好的力量。在高等教育还是小作坊产业的时候，它所犯的错误影响甚微。但今天，高等教育中的错误可以对我们所有人都产生巨大的影响。

---

① 这方面一个有趣的例子是克林顿内阁，在前 20 名内阁级别被任命的人员中，有 16 人拥有研究生学位。[18]——作者注

即便是很大程度上对自己的MBA经历感到满意的1974届毕业生也相信，大学和商学院可以做得更好。哈里·特纳（Harry Turner）的话代表了许多人的观点："正如企业正在认识到的那样——它们必须不断努力改进，而不是志得意满。它们必须明智地面对周围发生的变化，大学也必须如此。"这恐怕是正确的——对于不起眼的小学院这是正确的，对大型的州立大学来说也是如此，甚至对哈佛商学院也一样。

由于哈佛商学院和其他一些优秀研究生院的毕业生非常成功，人们很容易忽视特纳的建议。"好就足够了""只要它没垮掉就行"等说法不一而足。但在毕业生们在通用汽车、IBM和西尔斯工作多年后，这种态度正变得越来越致命。在一个瞬息万变、竞争激烈的世界里，过去的成功并不能保证未来的成功。恰恰相反，过去的成功往往使未来的成功变得更加困难。如果有什么真理是我们都应该深思的，这个道理就可以算作其中之一。而且，这个道理同样适用于教育机构、企业和个人。

致 谢

从 1973 年至 1994 年，许多人为我的这一尝试提供了帮助，其中包括约翰·贝克（John Beck）、玛莎·贝克（Martha Beck）、安德鲁·伯蒂斯（Andrew Burtis）、拉斯·艾森施塔特（Russ Eisenstat）、罗布·弗里德曼（Rob Friedman）、琳达·希尔（Linda Hill）、吉姆·利希（Jim Leahey）、南希·罗斯巴德（Nancy Rothbard）、尼克·斯特克勒（Nicki Steckler）和马克·奥佩尔（Mark Opel）。整整 10 年里，我的同事杰夫·索南菲尔德（Jeff Sonnenfeld）都发挥着中心作用。此外，拉里·弗雷克、约翰·麦克阿瑟（John McArthur）、雷·科里（Ray Corey）、杰伊·洛尔施（Jay Lorsch）、沃伦·麦克法伦（Warren McFarlan）和理查德·罗森布鲁姆（Richard Rosenbloom）都为我提供了资金支持。在撰写手稿时，许多人都对初期草稿做出了评价，包括乔·巴达拉科（Joe Badaracco）、拜·巴恩斯（By Barnes）、沃伦·本尼斯（Warren Bennis）、马克·布兰肯希普（Mark Blankenship）、盖尔·德·伯萨德（Gail de Boissard）、杰罗姆·德·伯萨德（Jerome de Boissard）、理查德·博亚特兹（Richard Boyatzis）、杰夫·布莱达赫（Jeff Bradach）、安德鲁·伯蒂斯（Andrew Burtis）、蒂姆·巴特勒（Tim Butler）、丹·凯西（Dan Casey）、纳尔逊·楚（Nelson Chu）、杰伊·康格（Jay Conger）、德怀特·克兰（Dwight Crane）、马利拉·迪尔曼（Mariella Dearman）、南希·迪尔曼（Nancy Dearman）、格雷格·迪斯（Greg Dees）、芭芭拉·迪瓦恩（Barbara Devine）、鲍勃·埃克尔斯（Bob Eccles）、拉斯·艾森施塔特（Russ Eisenstat）、比尔·埃利特（Bill Ellet）、艾伦·弗罗曼（Alan Frohman）、杰克·加巴罗（Jack Gabarro）、戴维·加文（David Garvin）、理查德·哈克曼、唐·哈里斯（Don Harris）、萨姆·海斯（Sam Hayes）、埃伦·赫尔曼（Ellen Herman）、詹姆斯·赫斯克特、琳达·希尔（Linda Hill）、赫米·依芭拉（Hermi Ibarra）、罗莎贝斯·坎特（Rosabeth Kanter）、约翰·金（John Kim）、鲍勃·莱姆（Bob Lambrix）、布里克斯（Brix）、吉娜·拉罗什（Gina LaRoche）、保尔·劳伦斯（Paul Lawrence）、帕特·莱特（Pat Light）、杰夫·洛夫（Geoff Love）、加里·洛夫曼（Gary Loveman）、杰伊·洛尔施（Jay Lorsch）、沃伦·麦克法伦（Warren McFarlan）、奎因·米尔斯（Quinn Mills）、沙仑·帕克斯（Sharon Parks）、克里士纳·佩勒普（Krishna Palepu）、莫里·佩珀尔（Maury Peiperl）、罗布·鲁宾逊（Rob Robinson）、南希·罗斯巴德、马尔·索尔特（Mal Salter）、埃德加·沙因、弗尼吉亚·史密斯（Virginia Smith）、斯科特·斯努克（Scott Snook）、霍华德·史蒂文森（Howard Stevenson）、理查德·特德洛（Richard

Tedlow）、戴维·托马斯（David Thomas）、里克·沃利（Rick Walleigh），以及戴维·韦斯利（David Wesley）。若是没有他们的帮助，这本书将难以问世。

注 释

前 言

1.These projects are reported more fully in *Power in Management* (NY:Amacom, 1979) ,and in five books published by The Free Press:*The General Managers* (1982) ,*Power and Influence: Beyond Formal Authority* (1985) ,*The Leadership Factor* (1988) , *A Force for Change:How Leadership Differs from Management* (1990) , and *Corporate Culture and Performance* (1992 ,with Jim Heskett) .

2. 舒恩教授在许多不同的地方展示过这个项目的成果，最著名的是 *Career Dynamics,* Reading, Mass.:Addison-Wesley, 1978。

3. 见 *Adaptation to Life* by George Vaillant (Boston: Little, Brown and Co., 1977)。

4. 在 1973 年冬天和 1974 年春天，我和 150 名哈佛 MBA 学生就参与一项有关管理职业生涯的研究进行商谈。其中一半人选修了一门名为“自我评估与职业发展”的课程。剩余一半人则一同参与了项目必修课程。所有人都填写了 5~10 年的年度调查问卷，并同意参与偶尔的访谈，进行了初步的投入。那些参加了“自我评估”课程的参与者也提供了他们课程作业中的心理学测试结果及他们所写的论文作为素材。

1975 年 1 月，我寄出了第一份调查问卷。第二份于 1976 年 1 月寄出，第三、四份分别在 1977 年和 1978 年寄出。115 名参与者回复了所有的调查问卷，25 名参与者没有回复，10 名参与者仅回复了第一份或第二份调查问卷。对比这 115 名参与者和 1974 届所有学生的基础维度信息，如年龄、成绩、父母的社会经济地位，结果是相似的，所以我从这项研究中剔除了剩下的 35 个样本。在后续的持续跟进中，超过 90% 的剩余参与者回复了后续的每一封邮件。

调查问卷的设计随着时间而改变，1992 年的版本与 1975 年的版本有很大的不同，平均下来有 8 页左右。在大多数调查问卷中，我们都问了大量关于职业和生活各个方面满意度的问题。几乎所有调查问卷中都包括一道开放性的问题——关于参与者在之前的 12 个月中的关键事件。在三个场景下，选定的个人被采访了：37 人在 1979 年被采访，52 人在 1984 年被采访，83 人在 1991/1992 年被采访。这些讨论基本上都是非结构化的，长达一个半小时，且一般都在参与者的办公室或家里进行。

第一部分 新现状

第1章 时势维艰：美国梦消亡了吗？

1. 所有名字都是化名。

2. 来自 "The Fortune Directory, 1958," a supplement to the August 1958 *Fortune* magazine。

3. 见 The *1989 Fact Book on Higher Education* compiled by Deborah J. Carter and Andrew G. Malizio with Boichi San, American Council on Education, New York: Macmillan Publishing, 1989。

4. 来自 *Fortune,* May 1974, Page 225。

5. 见 Ross Perot's *United We Stand:How We Can Take Back Our Country*, New York: Hyperion, 1992, Page 14。

6. 见 Page 101 in Frank S. Levy and Richard C. Michel, *The Economic Future of American Families: Income and Wealth Trends,* Washington, D. C.: Urban Institute Press, 1991。

7.Page 2 in *The New Individualists*, New York: Harper Collins, 1991.

8. 关于在首个雇主处工作的时间，截至1992年：

年数	1974届成员的百分比	年数	1974届成员的百分比	年数	1974届成员的百分比
1	15%	7	6%	13	3%
2	24%	8	2%	14	1%
3	9%	9	2%	15	2%

（续表）

年数	1974 届成员的百分比	年数	1974 届成员的百分比	年数	1974 届成员的百分比
4	6%	10	2%	16	1%
5	8%	11	3%	17	0%
6	3%	12	2%	18	13%

9. 关于 1974~1992 届工作的份数：

工作份数	班级占比	工作份数	班级占比	工作份数	班级占比
1	0%	6	12%	11	9%
2	2%	7	9%	12	8%
3	1%	8	18%	13	1%
4	4%	9	8%	14	1%
5	10%	10	17%	15	0%

10. 关于他们的工作经历占比：

年份	1975	1979	1984	1989	1992
助理或培训生	27%	0%	0%	0%	0%
商业专业人员（分析师、买手、顾问、会计、策划、工程师等）	55%	23%	14%	9%	7%
经理	11%	53%	35%	17%	13%
创业者	5%	11%	18%	36%	41%
高级管理人员	2%	12%	31%	36%	39%

11. 关于他们的职能关注方向占比：

年份	1975	1979	1984	1989
市场和销售	30%	29%	12%	15%
金融	17%	19%	16%	14%
会计 / 财务控制	13%	12%	6%	4%
综合管理	13%	21%	56%	54%
生产 / 运营	10%	9%	7%	5%
其他所有	17%	10%	3%	8%

12. 选自 *Statistical Abstracts of US, 1992*, Page 462, Table 732。

13. 选自 *Federal Reserve Bulletin*, January 1992, Page 3。

14. 1949 届的数据是《财富》杂志 1974 届年 5 月报道的中位数。

15. 在这里我指的是 2012 年的美元市值，而不是 1992 年的恒定美元价格。

第 2 章　新规则 1：非传统的职业路径

1. 在 19 世纪早期，新英格兰纺织公司是美国的大型企业，但是他们通常只有 75~80 名员工。哈佛大学贝尔纳普出版社（马萨诸塞州剑桥市）1977 年出版的《看得见的手》中，作者小艾尔弗雷德·钱德勒（Alfred Chandler Jr.）也对此做了讨论。钱德勒认为，在 19 世纪 60 年代和 70 年代之前，与工业革命相关的技术发展为许多中型和大型组织在美国的出现创造了条件。小型企业没有能力建立区域和国家的铁路系统，因此更大型的企业被创设来完成这项工作。电报和电话也是如此。由于这些通讯和交通系统为商品创造了越来越大的市场，为利用新技术带来的规模限制，更大的商场被建造出来。随着商品和服务的生产成本越来越低，且生活水平和预期寿命都在提高，这意味着可能出现更大的工厂和商店来服务于这些市场。

2. 参见钱德勒。

3. 参见 J. H. S. Bossard and J. F. Dewurt, *University Education for Business*, Philadelphia: University of Pennsylvania Press, 1931。

4. 参见 *And Mark an Era* by Melvin T. Copeland, Boston: Little Brown, 1958, Page 72。

5. 参见 Bossard and Dewurt, op.cit., Page 23。

6. 这项工作详细记录于 *Management and the Worker* by Fritz Roethlisberger and William Dickson, Cambridge, Mass.: Harvard University Press, 1938。

7. 关于哈佛 1974 届 MBA 工作情况，1975—1991 年。*

年份	1975	1983	1992
超小型（1~100 名员工）	7%~28%	22%~43%	33%~62%
小型（101~1 000 名员工）	21%	21%	29%
中型（1 001~10 000 名员工）	35%	26%	15%
大型（10 001~100 000 名员工）	33%~36%	28%~31%	20%~23%
超大型（10 001 名员工及其以上）	3%	3%	3%

* 不包括退休或退出工商管理类职业的人（例如作家）。

8. 可靠的统计数据很难找到。由于在第 5 章中解释的原因，大量的哈佛 MBA 学员最终都转向了小型企业。但在过去三四十年中，这一比例似乎一直在上升。

9. 这个数字是从 1989 年第 30 周年聚会时提供给校友的问卷中得出的。

10. 选自 Page 50 in *Social Structure and Learning Climate* by Charles Orth, Boston: Division of Research, Graduate School of Business Administration,Harvard University, 1963。

11. 在另一端，一些教职工预测许多毕业生将成为创业者，但这部分人显然是少数。

12. 关于那些利用了 1973 年后经济形势机会与没有利用它的人之间的收入差距。

	1991 年中位数总收入	**1991 年平均值总收入**
小型企业	200 200 美元	400 000 美元
大中型企业	180 000 美元	267 000 美元
企业家	210 000 美元	612 000 美元
非企业家	165 000 美元	178 000 美元
非制造业	200 000 美元	390 000 美元
制造业	150 000 美元	170 000 美元

13. 关于那些利用了 1973 年后经济形势机会与没有利用它的人之间的头衔差异。

	有董事长、总裁、首席执行官或首席运营官的头衔（%）
小型企业	42%
大中型企业	16%
企业家	56%
非企业家	15%
非制造业	33%
制造业	31%

第 3 章　新规则 2：全球化的机遇与挑战

1. 迈克尔·詹森（Michael Jensen）最近也得出结论，1973 年标志着新经济时代的开始。他的论点很有意思，因为它所基于的分析在某些方面与本书提供的分析完全不同。参见 “The Modern Industrial Revolution and the Challenge to Internal Control Systems,” *Journal of Einance*, July 1993, Pages 831–881。

2. 参见 *The Prize* by Daniel Yergin,New York: Simon & Schuster, 1992, Pages 605–615。

3. 这种思考美国大公司资本主义的方式源于至少十几个不同人的作品。但此处提供的具体表述和图 3.1 中的总结是与本书的编写一起出现并发展的。

4. 详见 Alfred Chandler, Jr., *The Visible Hand*, Cambridge: Har-

vard University Press, 1977。

5. 在《1993 年世界年鉴》中列出的 495 项重要内容、发现和创新中，有 145 项是归于 1860 年至 1930 年的美国的，其中大部分集中在 1880 年至 1930 年。在其他 50 年里，没有任何一个国家能达到比这更高的发现率 / 发明率 / 创新率。详见第 178~181 页。

6. 1930 年的数据来自 *1993 World Almanac*, Page 395. 早期的统计数据是在 1855 年的马萨诸塞州，参见 *Historical Statistics: Colonial Times to 1970*, U.S. Bureau of the Census, Washington, D.C.: U.S. Government Printing Office, 1970, Page 56。

7. 选自 *Historical Statistics:Colonial Times to 1970*, U.S. Bureau of the Census, Washington, D.C.: U.S. Government Printing Office, 1970, Page 56。

8. 1970 年的数据来自 *1993 World Almanac*, Page 395. 1930 年的数字是根据 1990 年官方定义的"贫穷"、1930 年的"中等家庭规模"、1929 年的"中等家庭收入"和 CPI（消费者物价指数）通货膨胀率来估计的。1929 年的收入数据来自 Brookings Institute data reported in *Breaking Point* by Kevin Phillips, New York: Random House, 1993。

9. 数据来源于 *The Work of Nations* by Robert B. Reich, New York: Vintage, 1992, Page 56。

10. *Direction of Trade Statistics Yearbook*, International Monetary Fund, 1974—1992.

11. 此数字是 1974 年和 1989 年的单位产量。参见 *Industrial Statistics Yearbook*, United Nations, 1976 and 1989 Editions。

12. 参见 *Annual Statistical Report*, American Iron and Steel Institute, 1976 and 1991 Editions。

13. 此数字是 1974 年和 1989 年的单位产量。参见 *Industrial StatisticsYearbook*, United Nations, 1976 and 1991 Editions。

14. 参见 *Ward's Automotive Yearbook*, Ward's Communications, 1975 and 1991 Editions。

15. 参见 *Corporate Culture and Performance*, by John P. Kotter and James L. Heskett, New York: Free Press, 1992。

16. 选自 *1993 World Almanac*, Page 160。

17. 参见 *The Work of Nations* by Robert B. Reich, New York: Vintage, 1992, Page 105。

18. 参见 *Liar's Poker,* by Michael Lewis, New York: Norton, 1989, Pages 35, 36。

19. 所有数字来自肯珀金融服务公司。

20. 参见 *The Work of Nations*, New York: Knopf, 1991, Pages 82, 83。

21. 参见 David L, Birch, "The Hidden Economy," in *The Wall Street, Journal*, June 10, 1988, Page 23R。

22. 1928 年，美国收入最高的前 5% 的人的收入占美国个人总收入的 34%。到 1946 年，他们的收入下降了近一半，降至 18%。在同一时期，前 1% 的收入者的收入从总数的 19% 下降到 7.7%。

参见 *Historical Statistics of the United States:Colonial Times to 1957*, U.S. Bureau of the Census, Washington, D.C.: U.S.Government Printing Office, 1960. 最富有的 0.5% 的纳税人在总收入中所占的份额，在 1973 年触底并开始再次上升之前，在 20 世纪 50 年代和 60 年代几乎稳步下降。参见 "Inequality and Its Charms" by Robert Barro, *Wall Street Journal*, February 10, 1993, Editorial Page。

23. 1977 年到 1990 年，美国最贫穷的人中有 1/5 的收入下降了 5%。参见 *The Work of Nations*, by Robert B. Reich,New York: Vintage, 1992, Page 7. 前 1% 的家庭和接下来的 19% 的家庭之间的收入差距也在增长。参见 Page 279 in Kevin Phillips' *Boiling Point*, New York: Random House, 1993。

24. 可参见，如 *The Cost of Talent* by Derek Bok, New York: Free Press, 1993。

25. 可参见，如 "Reemployment Increases among Displaced Workers," U.S. Department of Labor,Bureau of Labor Statistics, *BLS News*, USDL 86-414, October 14, 1986。

26. 据 1993 年 3 月 1 日《今日美国》报道，美国国家足球联盟在 1993 年 9 月宣布 1993 年的平均工资为 643 000 美元，第 7C 页。

27. 统计数据来自不同期的《美国律师》。

28. 美国医药协会和人口普查数据。

29. 可参见，如 "Reconciling Conflicting Data on Jobs for College Graduates" by Daniel Hecker in *Monthly Labor Review*, July 1992。

30. 参见 Page 355 in *The World Almanac 1994*。

31. 据《金融世界》杂志报道。

32. 据"Inequality and Its Charms" by Robert Barro, *Wall Street Journal*, February 10, 1993, Editorial Page。

33. 参见 Page 143, *Annual Energy Review,* 1988。

34. 数据源于美联储。

35. 参见 Reich's discussion in *The Work of Nations*, New York: Vintage, 1992, Page 202。

第二部分　新回应

第 4 章　新规则 3：创业者的机会

1. 因为相比大公司，小公司更不可能为年轻人提供暑期工作，所以想在小企业工作的大学生常常在暑期到大企业工作。

2. 甚至在 1974 届内部也可以看到这种关系：

	在制造业工作	在非制造业工作
大型企业	40%	60%
中型企业	24%	76%
小型企业	17%	83%

3. 选自"The Fortune Director, 1958," a supplement to the August 1958 *Fortune* magazine。

4. 选自 *Fortune*, July 27, 1992, Guide to the Global 500。

5. 选自 the *Economist*, February 3, 1986。

6. *Fortune*, August 24, 1992, Pages 213, 214.

7. 很多人都记录了这一点，包括我自己。可参见我的三本书：*The Leadership Factor*, Free Press, 1988, *A Force for Change: How Leadership Differs from Management,* Free Press, 1990, and *Corporate Cutture and Performance*, with Jim Heskett, Free Press, 1992。

8. 可参见，如 *Prophets in the Dark* by David Kearns and David Nadler, New York: Harper Business, 1992。

9. *Newsweek* had done a cover story called "The Blue-Collar Blues" in 1971 (May 17 edition, story on Pages 80-86).

10. 参见 Chapter 4 in *Work Redesign* by Richard Hackman and Greg Oldham, Reading, Mass.: Addison-Wesley, 1980。

11. 关于不同规模企业的满意度：

	小型	中型	大型
工作自主权	6.36	5.95	5.74
工作完整性	6.02	5.53	5.29
工作本身提供有关工作绩效的信息	5.79	5.03	5.38

等级 =1~7。例如，1= 非常小——我几乎没有决定工作方式和结束工作时间的权力。4= 适度的自主权——许多事情都有规定且不由我掌控，但是我仍可以做一些有关这项工作的决定。7= 非常大——全权负责。选自 Appendix A, *Work Redesign* by Richard Hackman and Greg Oldham, Reading, Mass.: Addison-Wesley, 1980。

12. 参见 *In Search of Excellence,* New York: Harper and Row, 1982。

13. 从表面上看，图 4.3 和图 2.4 似乎不一致，其实不然。收入差异在图 2.4 中更大，理由如下：（1）所报告的数字不是中位数，（2）该数字包括企业家与非企业家、非制造业与制造业之间的差异。

14. 来源：Kemper Financial Services。

15. 来源：A study by American Express, reported in *Fortune,* June 14, 1993, Page 10。

16. 据 *Fortune*, June 14, 1993, Page 22。

第 5 章　新规则 4：与合作方协同

1. 参见 *The Age of Unreason*, Boston: Harvard Business School Press, 1990。

2. 可参见，如 *Networks and Organizations: Structure, Form and Action*, edited by Nitin Nohria and Robert G.Eccles. Boston, Mass.: HBS Press, 1992。

3. 参见 Mike Hammer and Jim Champy, *Re-engineering the Corporation*, New York: HarperBusiness, 1993。

4. 我在 1985 年出版的《权力与影响：超越正式权威》一书中详细地讨论了这一点。纽约：自由出版社。

5. 对于公司边界点的讨论，参见 Joseph L. Badaracco,Jr. , *The Knowledge Link,* Boston: HBS Press, 1991。

6. 在过去 10 年的许多报告中都可以找到支持这种广泛概括的证据。此如可参见我的两本书：*The General Managers*（New

Youk:Free Press, 1982) and *Power and Influence:Beyond Formal Authority*(New Youk:The Free Press, 1985)。

7. 就业统计是基于哈佛商学院职业发展办公室发放给毕业生的调查问卷。

8. 约占同届 20% 的人填写了问卷。资料来源：哈佛商学院就业办公室。

9. 资料来源：*Consultants News*, September, 1992, Kennedy Publications, Fitzwilliam, NH, Page 1。

10. 参见 "Workers Are Forced to Take More Jobs with Few Benefits," by Clare Ansberry, *Wall Street Journal*, March 11, 1993, Page 1。

11. 参见 *The Business Week* cover story from the April 12, 1993 edi-tion, Pages 58–65。

第 6 章 新规则 5：领导力优于管理

1. 在我的另一本书中有详细描述：*A Force for Change: How Leadership Differs from Management*, New York: Free Press, 1990。

2. 这些关于领导力的发现与最近报道的其他主要领导力的研究一致。可参见，如 *Leaders* by Warren Bennis and Burt Nanis, New York:Harper, 1985。

3. 除了在《变革的力量》中提到的证据，还可参见 *Corporate Cutture and Performance*,my 1992 book (with Jim Heskett), New York: Free Press。

4. 关于这种变化和推动这种变化的领导力的一个好例子，参见 *Control Your Destiny or Someone Else Will* by Noel Tichy and Stratford Sherman, New York: Doubleday, 1993。

5. 证据可参见《企业文化与绩效》，尤其是第 4 章。

6. 参见《企业文化与绩效》。

7. 我在许多研究中发现了这种在职发展的过程。可参见，如 Chapter 3 in *The General Managers*, New York:Free Press, 1982。

8. 在 1985 年、1986 年及 1987 年所进行的一系列研究中，我发现，大公司的文化往往系统地削弱了他们在行政领导层中所培养的足够的领导力。参见 The *Leadership Factor*, New York: Free Press, 1988。

9. 关于这个问题的进一步讨论，可参见 Chapter 8 in *A Force for Change*, New York: Free Press, 1990。

10. 当某些高级教员教授必要的商业政策课程时，它可能是一门相对强大的领导力课程。但这不是常见的情况。

第 7 章　新规则 6：达成交易

1. 数据来自：*The Death of Organization Man* by Amanda Bennett, New York: William Morrow, 1990, Page 131。

2. 参见 *The Wealth of Nations*, 1776。

3. 资料来源：1973 年从总人口的一半中收集的各种心理测试数据分析。

4. 参见 Page 24 in *Liar's Poker* by Michael Lewis, New York: Norton, 1989。

第 8 章 新规则 7：自我驱动力

1. 关于性别、种族、国籍和社会阶层：

父母的社会经济状况	美国白人（男性）	其他种族的美国人（男性）	外国人（男性）	女性
社会上层	10（9%）	0%	4（4%）	2（2%）
社会中上层	42（37%）	1（1%）	9（8%）	4（4%）
社会中层	23（20%）	0%	1（1%）	1（1%）
社会中下层	12（11%）	1（1%）	1（1%）	0%
社会下层	0%	1（1%）	0%	0%

资料来源：自行上报。

2. 关于 1960 年的家庭收入：

	1974 届 MBA 家庭	所有美国家庭 *
0-299 美元	4%	21%
3 000~5 999 美元	11%	33%
6 000~11 999 美元	38%	35%
12 000~29 999 美元	28%	8%
30 000~149 000 美元	17%	1%

* 数据来自人口普查，1960 年：最终报告 PC（2）-4b，华盛顿特区。

3. 关于父母亲的教育水平：

	1974 届 MBA 的父亲	所有研究生中的父亲（1950—1960）*	所有美国男性（1972—1982）	1974 届 MBA 的母亲	所有研究生中的母亲（1950—1960）*	所有美国女性（1972—1982）**
小学或以下	5%	13%	36%%	4%	9%	34%
上过中学	9%	28%	9%	5%	27%	12%
中学毕业	10%	23%	16%	28%	34%	24%
上过大学	20%	12%	9%	24%	16%	6%
大学毕业	28%	12%	4%	28%	11%	4%
硕士	18%	4%	2%	12%	1%	1%
博士	10%	8%	1%	0%	1%	0%

* 美国教育部《教育统计文摘》汇编的数据，华盛顿特区，1969 年。

** 国家意见研究中心《综合社会调查》（1972—1982）汇编的数据，芝加哥大学，1972—1982 年。

4. 关于父亲的职业：

	1974 届 MBA	所有研究生（1950—1960）*	所有美国男性员工（1960 年）**
经理	35%	18%	11%
专业人士	31%	24%	11%
白领	14%	38%	20%
蓝领	16%	19%	48%

* 美国教育部《教育统计文摘》汇编的数据，华盛顿特区，1969 年。

** 数据来自人口普查，1960 年：最终报告 PC（2）-7a，华盛顿特区。

5. 关于1984年时60岁的父母和祖父母的净资产：

	父母	祖父母	外祖父母
0~1 999美元	2%	9%	11%
5 000~19 999美元	7%	21%	24%
20 000~99 999美元	23%	36%	29%
100 000~499 999美元	36%	19%	18%
500 000~2 500万	25%	12%	11%
2 500万以上	9%	4%	7%
中位数	200 000美元	60 000美元	60 000美元

6. 关于他们所处大学的质量：

最具竞争力和高度竞争力	55%
较具竞争力和具备竞争力	42%
竞争力较低	1%
无竞争力	2%

资料来源：Data adapted from *Barron's Profiles of American Colleges*,Woodbury, N.Y.: Barron's Educa-tional Series, 1980. The vast majority of schools in the United States are rated "less competitive" and "non-competitive." Non-U.S.schools are omitted from the Exhibit。

7. 关于大学的学业成绩：

前1%	9%
前5%	31%
前10%	52%
前25%	77%

资料来源：自行上报。

8. 关于在高中和大学参加课外活动的 MBA 的人数百分比：

社会学生俱乐部成员	87%	社会 / 学术俱乐部的 5 位高层之一	55%
学生会成员	68%	学生会的 5 位高层之一	34%
大学代表队成员	60%	代表队的队长或副队长	26%
出版部的工作人员	45%	出版部的 5 位高层之一	29%
音乐 / 戏剧团体的成员	40%	音乐 / 戏剧团体的 5 位高层之一	9%

数据来源：自行上报。

9. 关于本科专业：

	1974 届 MBA	全美国（1967—1968 年）*
工程	32%	6%
经济学	18%	2%
其他社会学科	15%	17%
工商管理	10%	13%
物理科学、生物科学、数学	11%	12%
人文学科	11%	16%

* 数据来源：*Digest of Educational Statistics*, U.S. Department of Education; Washington, D.C., 1969, Page 82, Table 112。

10. 关于 GMAT 分数：

	1974 届	1972 年的所有考生 *
前 25% 的中位数	649	525
总体中位数	625	475
后 25% 中位数	587	400

* 资料来源：Data complied from *Guide to Use of AIGSB Scores*-72-73, ETS;.Princeton, N.J., 1973。

11. 关于价值 *：

	1974 届班级学生	8 369 名大学学生 **	5 894 名大学男性学生 **
理论	41.47	39.80	43.09
经济	45.61	39.45	42.05
艺术	41.73	40.29	36.22
社会	38.44	39.34	37.05
政治	46.46	40.61	43.22
宗教	25.92	40.51	37.88

* 资料主要源于 Allport, Vernon,Lindzey “Study of Values” questionnaire。

** 数据改编自 “Study of Values, Manual,” from Allport, Vernon, and Lindzey, Boston: Houghton Mifflin, 1960, Page 11。

关于在心理测试数据和个人历史中发现的共同主题：

主题	比例（%）	主题	比例（%）
权力地位	84	非工作关系	61
团体工作者	65	资金安全	57
实用主义	62	独立的	54
各种各样	62		

12. 在 1973 年夏天，他们中有一半人选修了一门叫作“自我评估和职业发展”的课程。通过心理测试和其他书面练习，鼓励学生更加了解自己的志向。我对关于他们的梦想的结论基于他们在选修课上的分享。

13. 关于他们对所获教育经历的评价：

	预科	大学	哈佛商学院
愉快的	3.83	3.84	3.57
痛苦的	2.83	3.29	3.60
值得的	3.79	4.01	4.30

等级：1= 从不，2= 很少，3= 有时，4= 经常，5= 几乎总是。

14. 这些关于项目影响的结论，首先是基于 1974 届毕业生的回答，其次是基于我过去 20 年在哈佛的个人经历。

15. 我在这里使用“信号”的含义是由迈克尔·斯彭斯（Mike Spence）所定义的，参见“Job Market Signaling,” *Quarterly Journal of Economics*, 87 ,August 1973 ,Pages 355–374。

16. 1973 年，115 名参与者中有 59 人参加了一系列心理测试——作为“自我评估和职业发展”课程的一部分。这些测试之后被用来确定每个人的主要主题。由于这项工作是在 1973 年完成的，因此我们对后续经济结果的了解不会使结果产生偏差。

17. 父母的社会经济阶层是塑造子女生活的强大力量。许多研究都证明了这一点。例如，布劳（Blau）和邓肯（Duncan）指出了父亲职业和儿子职业有 40% 的相关性。参见 P. M. Blau and O. D. Duncan, *The American Occupational Structure*, New York: Wiley, 1967. 父母社会地位越高的 1974 届学员，越是出自母亲为家庭主妇，父亲以工作和事业为导向的家庭，同时就越可能处于以下的环境：父母双方都满意于父亲事业的进步，有受过良好教育的邻居，与父母关系亲近，母亲不给孩子必须表现优秀的压力，父亲被欣赏、被视作榜样，孩子们对经济的期望更高，更多的孩子就读于预科学校和地位显赫的学校，且孩子很少感到大学是孤独的。父母的社会经济阶层的 3 项指标中至少有 2 项是和所有这些因素都相关的（数据显著性在 0.05 或以上）。但是，尽管所有的证据都表明父母的社会阶层是非常重要的，统计数据却并没有表明它是 1974 届毕业生收入的主要驱动因素。如果是的话，那就是中上社会阶层家庭的孩子的平均收入能够和这 115 个人的收入相当，但事实远非如此。此外，如果家庭经济背景在这方面如此重要的话，那么现在那些来自贫困家庭的人的平均收入应该要比来自富裕家庭的人低得多，但这与事实不符。1974 届中，背景富裕与否和在 1991 年的收入之间几乎没有任何关系。

60 岁时父母的净资产（以 1984 年美元价值计）	1991 年 MBA 的收入中位数
500 000 美元及其以上	180 000 美元
100 000~499 999 美元	190 000 美元
0~99 000 美元	185 000 美元

18. 与父母所在的社会经济阶层一样，智力指标在塑造职业生涯中起到了重要作用。有些职业似乎比其他职业对智力要求更高，无论是在工作本身还是在获得工作时所需的学校教育方面。然而，1974 届学生中，智力水平和收入之间几乎没有关系。

19. 就目前而言，那些不愿竞争或无法竞争的人将会发现，不管是谁在华盛顿掌权，工作时光都会变得越来越不愉快。在一个联系日益紧密的世界经济环境中，美国总统不再拥有像罗斯福或60年前其他总统那样大的权力。例如，60年前，个人或公司很难从高税收/高监管领域转移到低税收/低监管领域，而这在现在变得越来越容易。赖克说："整个20世纪80年代，正如分析师会选择在税收低的地方生活和工作，环绕波士顿的高科技园区都在向外转移到新罕布什尔州南部和罗得岛北部。研究人员记录了来自技术移民的类似运动，他们被迫将更多的收入分享给那些对他们征税较少的国家。从平等主义的欧洲到不那么平等的美国的'人才流失'提供了这种现象的一些证据。另一个例子是美国和加拿大之间的移民模式。大多数移民到加拿大的美国人都是相对拥有低技能的常规生产者或现场服务人员；而大部分到美国的加拿大人都是高技能的分析师。为什么？因为这两个国家都提供了大量的就业机会，但有一个与之相关的区别是，加拿大的收入分配更加平等，提供的社会服务要比美国更慷慨。因此，技能不熟练的美国人在加拿大找到了一个好客的环境，在那里他们可以享受更大的收入保障；也因此，技能熟练的加拿大人在美国找到了一个好客的环境，在美国他们可以为自己保留更多的收入。"选自 *The Work of Nations* by Robert B. Reich,New York:Vintage, 1992, Page 299. 20世纪60年代想要重演其30年代的境况需要一个强大而开明的联合国，或者一个明智的地球总统。而这两者都不存在。

第 9 章 新规则 8：跨界学习

1. 研究职业生涯的人至少在近 10 年来一直在谈论这种变化。可参见，如 *When Giants Learn to Dance: Mastering the Challenge of Strategy, Management, and Careers in the 1990s*, New York: Simon and Schuster, 1989。

2. 摩根 · 麦考尔（Morgan McCall）、迈克 · 伦巴多（Mike Lombardo）、安 · 莫里森（Ann Morrison）等人在成功的高管案例中都证明了这种将艰苦经历内化为成长的模式。参见他们的书 *The Lessons of Experience*, Lexington, Mass.: Lexington Books, 1988, especially Chapter 4。

第四部分 启示

第 10 章 职场成功

1. 最初，大多数人都特别关注职业。当被问到对毕业后每个问题在生活中的重要性的排序时，他们将"获得工作认可"放在第一位，"学习掌握工作所需的技能"放在第二位，"获得老板的尊重"放在第三位。得分最低的 6 个条目是："找对象""与配偶解决难题""精神或宗教发展""融入社区活动""换工作"，以及"生孩子"。

2. 我寻找了其他与年龄有关的模式，但发现非常少。甚至著名的"中年危机"在这个群体中似乎也不那么具有普遍性或影响力。关于他们对生活各个方面的感受的纵向数据变化不大，也没有明显的模式。有一次，当我开始怀疑我是否忽略了什么时，我在戴维·迈尔斯（David Myers）的新书中发现了下图。

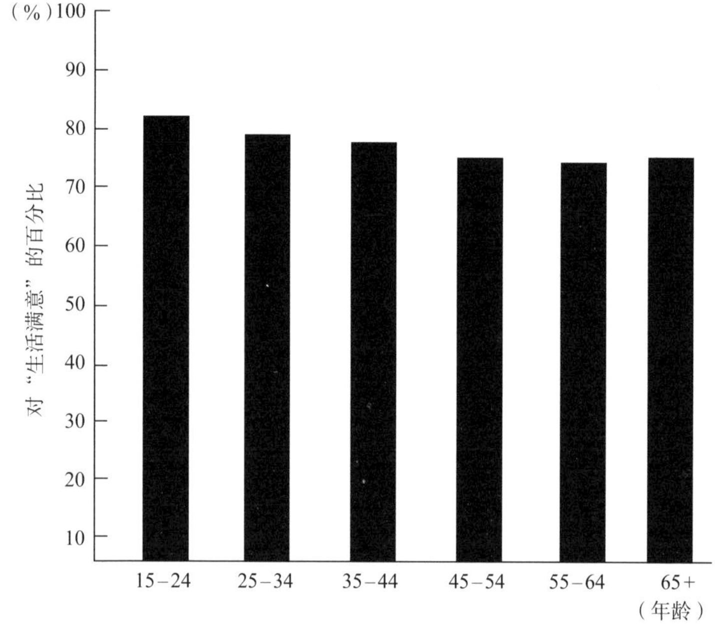

16 个国家的年龄和福利

资料来源：Data from 169, 776 people as reported by Ronald Inglehart *in Culture Shift in Advanced Industrial Society*, Princeton; Princeton University Press, 1990。

3. 参见 Chapter 5 in *The Cost of Talent* by Derek Bok, New York: Free Press, 1993。

4. 参见格雷夫·S. 克里斯特尔（Graef S. Crystal）在此方面的杰作——*In Search of Excess*, New York: Norton, 1992。

5. 戴维·奥斯本（David Osborne）和特德·盖布勒（Ted Gaebler）在《重塑政府》一书中讲述了政府的有益变革（艾迪

生·韦斯利，1992 年），几乎所有的例子都说明了从高层级结构向灵活网络的转变。

6. 资料来源：*World Almanac* 1994 ,Page 358。

第 11 章　新教育

1. 这里的劳动力和工资数据来自我的同事迈克·詹森（Mike Jensen）。参见 Table I in his "The Modern Industrial Revolution and the Challenge to Internal Control Systems," *Journal of Finance*, July 1993 , Pages 831–881。

2. 可参见，如 the prescriptions in Lester Thurow's *Head to Head,* New York: William Morrow, 1992。

3 .Page 286 in *Head to Head*, New. York: Warner Books, 1992 .

4. 参见人口普查局数据。

5. 参见 Education 1990 , *Fortune*, Special Issue, Page 54。

6. 选自 Secretary of Labor Robert B. Reich, *The Work of Nations,* New York: Vintage Books, 1992 , Page 227。

7. 参见 *Science Achievement in 17 Countries:A Preliminary Report* by the International Association for the Evaluation of Educational Achievement, New York: Pergamon Press, 1988 , 同时可参见 "Foreign-ers Outpace American Students in Science" by Robert Rothman, *Education Week,* January 28 , 1987 , Page 1。

8. 参见 *Thinking for a Living*, New York: Basic Books, 1992 , Page 80。

9. 首先受到广泛关注的是 *A Nation at Risk: The Imperative for Educational Reform* by the National Commission on Excellence in Education,Washington, D.C.: U.S. Government Printing Office, 1983。

10. 州长和前总统布什制定的“2000 年目标”之类的倡议可能会有所不同，但在撰写本文时，要判断它将产生何种影响还为时过早。

11. 数据来自 elementary and secondary education from the *Digest of Educational Statistics 1993*。

12. New York:Basic Books, 1992 ,Page 110 .

13. 关于非适应性文化的整个讨论在很大程度上借鉴了 *Corporate Culture and Performance* by John Kotter and James Heskett, New York: Free Press, 1992。

14. 并不是所有人都同意这种评估。对于一个有趣的反对意见，请参阅 Myron Lieberman’s *Public Education: An Autopsy*, Cambridge, Mass. Harvard University Press, 1993。

15. *Digest of Educational Statistics 1992*, Table 31, Page 34, and *United States Office of Education—Biannual Survey,* 1944–46, Page 38, Table XX.

16. 可参见，如 Lyman Porter and Lawrence McKibbin, *Management Education and Development,* New York: Mc-Graw–Hill, 1988。

17. *Digest of Edueation Statistics*, 1992 ,Pages 285 , 286 .

18. *The Wall Street Journal*, January 21 , 1993 ,Page 1 .